D1985848

WINFRIED KLUTH

Der Gemeinsame Bundesausschuss (G-BA) nach § 91 SGB V aus der Perspektive des Verfassungsrechts: Aufgaben, Funktionen und Legitimation

Schriften zum Gesundheitsrecht

Band 38

Herausgegeben von Professor Dr. Helge Sodan,
Freie Universität Berlin,
Direktor des Deutschen Instituts für Gesundheitsrecht (DIGR)
Präsident des Verfassungsgerichtshofes des Landes Berlin a.D.

Der Gemeinsame Bundesausschuss (G-BA) nach § 91 SGB V aus der Perspektive des Verfassungsrechts: Aufgaben, Funktionen und Legitimation

Von

Winfried Kluth

Duncker & Humblot · Berlin

Bibliografische Information der Deutschen Nationalbibliothek

Die Deutsche Nationalbibliothek verzeichnet diese Publikation in der Deutschen Nationalbibliografie; detaillierte bibliografische Daten sind im Internet über http://dnb.d-nb.de abrufbar.

Fremddatenübernahme: Konrad Triltsch GmbH, Ochsenfurt
Druck: CPI buch.bücher.de, Birkach
Printed in Germany

ISSN 1614-1385
ISBN 978-3-428-14751-9 (Print)
ISBN 978-3-428-54751-7 (E-Book)
ISBN 978-3-428-84751-8 (Print & E-Book)

Gedruckt auf alterungsbeständigem (säurefreiem) Papier entsprechend ISO 9706 ♾

Internet: http://www.duncker-humblot.de

Vorwort

Die demokratische Legitimation der sozialen Selbstverwaltung mit ihren zentralen Zweigen Gesetzliche Krankenversicherung und Rentenversicherung ist seit Jahrzehnten Gegenstand rechtswissenschaftlicher und gerichtlicher Kontroversen. Neben der grundsätzlichen Frage, ob die funktionale Selbstverwaltung, zu der beide Bereiche zuzuordnen sind, mit dem demokratischen Prinzip vereinbar ist, geht es auch und vor allem um die Frage, ob bei Zugrundelegung dieser Konzeption ein ausreichendes Niveau demokratischer Legitimation verwirklicht wird. Das Meinungsspektrum zu dieser Frage ist in der verfassungsrechtlichen und sozialrechtlichen Fachliteratur sehr weit gespannt, wobei die Zahl kritischer Stimmen in den letzten Jahren ebenso zugenommen hat wie die Zahl der Stellungnahmen, die von der Vereinbarkeit der Organisationsform(en) mit dem Grundgesetz ausgehen.

Besonders umstritten ist innerhalb des Gesamtsystems der sozialen Selbstverwaltung der Gemeinsame Bundesausschuss. Diese auch als „kleiner Gesetzgeber" bezeichnete, von den vier großen Organisationen der sozialen Selbstverwaltung im Gesundheitswesen getragene Organisation ist vor allem deshalb in den Fokus verfassungsrechtlicher Kritik geraten, weil der Gesetzgeber ihr in den letzten Jahren zunehmend bedeutsame Steuerungsaufgaben im Bereich der Gesundheitsdienstleistungen zugewiesen hat. Die vom Gemeinsamen Bundesausschuss erlassenen Richtlinien sollen wirksam zur Qualität und Wirtschaftlichkeit im Gesundheitswesen beitragen. Damit dies gelingt, kann der Gemeinsame Bundesausschuss auch Behandlungsmethoden und Leistungen gegenüber den Versicherten ausschließen.

Vor allem diese Wirkung seiner Entscheidungen ist es, die bereits im Zusammenhang mit dem sog. Nikolaus-Beschluss des Bundesverfassungsgerichts große Aufmerksamkeit gefunden hat und die weitere Entwicklung der rechtswissenschaftliche Debatte seither prägt. Das Bundessozialgericht hat seine einschlägige Rechtsprechung vor dem Hintergrund der in der Literatur geäußerten Kritik mehrfach weiterentwickelt und ist dabei im Ergebnis davon ausgegangen, dass die Entscheidungen des Gemeinsamen Bundesausschusses hinreichend demokratisch legitimiert sind. In einem Verfahren vor dem Bundesverfassungsgericht, das sich u. a. gegen eine Entscheidung des Bundessozialgerichts richtet, ist diese Thematik erneut aufgegriffen worden. Dieses Verfahren bildet den Anlass für die vorliegende Untersuchung, die durch den Gemeinsamen Bundesausschuss in Auftrag gegeben und dem Bundesverfassungsgericht vorgelegt wurde.

Halle, im Juni 2015 *Winfried Kluth*

Gassner, NZS 15, 121, BVerwG, U 26.6.08, DVBl 08, 1442 (Bedeutung gegenüber dienstrechtl. Verweisung BeihV), Heinig, Sozialstaat, S. 493 ff., Kingreen, DÖV 09, 328, BVerwG, U 18.2.09, NVwZ 09, 847 (Bedeutung Entscheidungskompetenz, Beihilfe, grundlegende Unterschiede GKV, Fürsorgepflicht), Rennert, JZ 09, 976, Huster, DVBl 10, 1069 (1072), Wenkel, DÖV 10, 763, Ruffert, DV 17, 291 (Holzner, Konsens im AVR), Maffei/Lorz, VerwArch 12, 343, Wallrabenstein, JZ 12, 818 (823), Kingreen/Kühling, JZ 15, 213 (217 – Datenschutz)

Inhaltsverzeichnis

Erster Teil

Zweiter Teil

Erster Teil

Einführung in die Thematik

A. Anlass der Untersuchung

I. Der Gemeinsame Bundesausschuss als Gegenstand rechtswissenschaftlicher Untersuchungen und Kontroversen

1. Der Gemeinsame Bundesausschuss und seine rechtliche(n) Grundlage(n)

Der Staats- und Verwaltungsaufbau unter dem Grundgesetz ist traditionell durch eine starke Betonung dezentraler Entscheidungskompetenzen geprägt. Neben der föderalen Gliederung (der Verwaltung) als solcher[1] kommt dabei vor allem der facettenreichen Nutzung des Ordnungsprinzips der Selbstverwaltung[2] eine große praktische Bedeutung zu. Außer der durch das Grundgesetz in Art. 28 GG gewährleisteten und durch das Landesrecht näher ausgestalteten kommunalen Selbstverwaltung[3] gehört dazu auch der seinerseits vielgesichtige Bereich der funktionalen Selbstverwaltung.[4] In dieser „Welt" kommt wiederum den Trägern der sog. sozialen Selbstverwaltung[5], die u.a. in Art. 87 Abs. 2 und 3 GG „erwähnt" werden, eine herausgehobene Bedeutung zu, weil die Bereiche Krankenversorgung und Alterssicherung zu den besonders bedeutsamen Feldern staatlicher Daseinsvorsorge gehören.

Vor allem die gesetzliche Krankenversicherung ist dabei auf eine Vielzahl von z.T. sehr komplexen Steuerungsnormen und -instrumenten angewiesen, um die qualitätsvolle und möglichst einheitliche Leistungserbringung faktisch zu gewährleisten und rechtsstaatlich abzusichern.[6] Da der parlamentarische Gesetzgeber aus vielen Gründen alleine nicht in der Lage ist, die Leistungserbringung im Detail zu normieren, bediente er sich schon sehr früh[7] der unterstützenden[8] Normkonkreti-

---

[1] Zu den Verwaltungskompetenzen im deutschen Bundesstaat siehe *Trute*, in: Härtel, § 28.

[2] Dazu grundlegend *Hendler*, Selbstverwaltung, 1984.

[3] Zu Einzelheiten *Wolff/Bachof/Stober/Kluth*, § 96.

[4] Dazu im Detail *Kluth*, Funktionale Selbstverwaltung, 1997.

[5] Zu ihr näher *Kluth*, Funktionale Selbstverwaltung, S. 189 ff.

[6] Vertiefend *Axer*, Normsetzung, 2000.

[7] Historische Analyse bei *Ziermann*, S. 13 ff.

sierung durch die Selbstverwaltungsträger. Einer organisatorischen Einheit kommt dabei – vor allem in den letzten Jahrzehnten – eine herausgehobene Stellung zu: dem Gemeinsamen Bundesausschuss.

Diese auch als „kleiner Gesetzgeber“[9] (für den Bereich des Leistungsrechts) bezeichnete Organisationseinheit findet ihre gesetzliche Grundlage in § 91 SGB V, der seinerseits an die frühere Regelung des § 368o RVO anknüpft. Die Kernaussage in ihrer heutigen Fassung lautet in Absatz 1:

> „(1) Die Kassenärztlichen Bundesvereinigungen, die Deutsche Krankenhausgesellschaft und der Spitzenverband Bund der Krankenkassen bilden einen Gemeinsamen Bundesausschuss. Der Gemeinsame Bundesausschuss ist rechtsfähig. Er wird durch den Vorsitzenden des Beschlussgremiums gerichtlich und außergerichtlich vertreten.“

Der Gemeinsame Bundesausschuss erscheint damit auf den ersten Blick als eine gemeinsame Einrichtung von vier zentralen Akteuren der Gesundheitsversorgung, die Rolle als Auftraggeber (Versicherer) und Auftragnehmer (Leistungserbringer) den Bereich der gesetzlichen Krankenversicherung weitgehend repräsentieren, so dass man von einer Betroffenen-Selbstverwaltung sprechen könnte, wie sie auch bei den Berufskammern verwirklicht ist.

Gegen die Annahme einer solchen partizipatorischen Legitimation richten sich aber nicht nur die herkömmlichen Vorbehalte, die der funktionalen Selbstverwaltung im Allgemeinen gegenüber vorgebracht werden, weil bei ihr das Leitungspersonal nicht in klassischer Form durch „ununterbrochene, auf das Staatvolk zurückführbare Legitimationsketten“ im Sinne des demokratischen Prinzips des Art. 20 Abs. 2 GG legitimiert ist. Hinzu kommt, dass der Gemeinsame Bundesausschuss im Falle der Deutschen Krankenhausgesellschaft auch durch eine Organisation getragen wird, die nicht öffentlich-rechtlich verfasst ist und die Versicherten nur mittelbar durch die Versicherungsträger mit repräsentiert werden.

Wo weder eine klassische, auf das Staatsvolk zurückführbare Legitimation noch – jedenfalls prima facie – eine vollständig ausgeprägte mitgliedschaftlich-partizipatorische Legitimation vorliegt, ist eine kritische Wahrnehmung durch die im Hinblick auf die demokratische Legitimation der funktionalen Selbstverwaltung seit jeher kritische Wissenschaft nicht überraschend. Die kritische Aufmerksamkeit spiegelt sich nicht nur in einer ungewöhnlich großen Zahl von Dissertationen wider, die dem Gemeinsamen Bundesausschuss[10] und seiner Tätigkeit[11] gewidmet sind, sondern

---

[8] Die Frage, ob die Normsetzung durch ausreichend bestimmte gesetzliche Regelungen legitimiert und determiniert ist, soll zunächst dahinstehen, da diese Frage eng mit dem Untersuchungsgegenstand zusammenhängt und deshalb erst am Ende der Überlegungen beantwortet werden kann.

[9] *Roters*, NZS 2007, 176; *Butzer/Kaltenborn*, MedR 2001, 333.

[10] Siehe vor allem *Seeringer*, Der Gemeinsame Bundesausschuss, 2006; *Ziermann*, Inhaltsbestimmung, 2007; *Vießmann*, Demokratische Legitimation, 2009; *Zimmermann*, Der Gemeinsame Bundesausschuss, 2012.

[11] Siehe neben den bereits erwähnten Arbeiten nur *Roters*, Kontrolldichte, 2003.

auch und vor allem in einer umfangreichen sozialgerichtlichen Rechtsprechungspraxis, die ihrerseits zahlreiche (kontroverse) Stellungnahmen der wissenschaftlichen Literatur[12] zur Folge hatte. Dabei ist es wegen der großen Breite sowohl der kritischen als auch der „positiven", eine ausreichende demokratische und rechtsstaatliche Legitimation des Gemeinsamen Bundesausschusses annehmenden Stellungnahmen schwierig, von einer klaren herrschenden Meinung zu sprechen. Für die Praxis ist indes bis heute die den Gemeinsamen Bundesausschuss verfassungsrechtlich legitimierende Rechtsprechung des Bundessozialgerichts von größter Bedeutung, weshalb ihr auch die erste Aufmerksamkeit gelten soll.

2. Die Entwicklung der Rechtsprechung des Bundessozialgerichts[13]

Die Entwicklung der verfassungsrechtlichen „Debatte" über den Gemeinsamen Bundesausschuss ist eng verbunden mit der schrittweisen Erweiterung seiner Zuständigkeiten bei gleichzeitiger Ausdehnung der Bindungswirkung der durch ihn erlassenen Richtlinien. Diese Entwicklung spiegelt sich insbesondere in ihrer „Würdigung" durch die Rechtsprechung des Bundessozialgerichts wider.

Bereits zur „alten" Rechtslage unter der Geltung des § 368p Reichsversicherungsordnung hatte das Bundessozialgericht (BSG) zu urteilen. Im Urteil vom 22. 07. 1981[14] zu den Richtlinien des damaligen Bundesausschusses der Ärzte und Krankenkassen hatte das Bundessozialgericht ausgeführt, dass eine gesetzliche Krankenkasse im Verhältnis zu der Kassenärztlichen Vereinigung zwar verpflichtet sei, eine nicht im Leistungskatalog vorgesehene Leistung gegenüber den Versicherten abzulehnen. Das gelte aber nur für die Fälle, in denen die Versicherten nicht nachweisen könnten, dass in ihrem Falle ausnahmsweise doch die Anspruchsvoraussetzungen für eine Leistungsgewährung vorlägen. Die Richtlinien des Gemeinsamen Bundesausschusses hatten damals nach allgemeiner Ansicht keine normative Wirkung gegenüber den Versicherten. Damit waren auch die Anforderungen an ihre (demokratische und rechtsstaatliche) Legitimation geringer. Diese Rechtsprechung prägte mehrere Jahrzehnte die rechtliche Wahrnehmung des Gemeinsamen Bundesausschusses und sicherte eine Symmetrie zwischen Leistungsrecht und Leistungserbringungsrecht.[15]

---

[12] Pars pro toto und mit weiteren Nachweisen: *Castendiek*, NZS 2001, 71; *Schimmelpfeng-Schütte*, NZS 2006, 567; *Kingreen*, NJW 2006. 877; *Hauck*, NZS 2010, 600; *Neumann*, NZS 2010, 593; *Kingreen*, in: VVDStRL 70, 2011, S. 152 (177 ff.); stellvertretend für die Komentarliteratur: *Schmidt-De Caluwe*, in: Becker/Kingreen, § 91, Rn. 16 ff. m.w.N.

[13] Zu weiteren Einzelheiten wird auf die Stellungnahme des Bundessozialgerichts gegenüber dem Bundesverfassungsgericht verwiesen, in der die einschlägige Rechtsprechung der verschiedenen Senate genau nachgezeichnet wird.

[14] BSGE 52, 71 ff.

[15] So die – überzeugende – Bewertung bei *Schimmelpfeng-Schütte*, NZS 2006, 567 (568).

Eine grundlegende Neuausrichtung erfolgte durch die sog. Methadon-Entscheidung des Bundessozialgerichts vom 20. 03. 1996.[16] Mit diesem Urteil hat der für das Vertragsarztrecht zuständige 6. Senat des Bundessozialgerichts die (damals noch getrennt bestehenden) Bundesausschüsse als Anstalten des öffentlichen Rechts qualifiziert, die mit den Richtlinien bindendes Satzungsrecht setzen, das auch gegenüber den Versicherten rechtlich bindend ist. Im Einzelnen führt das Gericht aus:

> „Die Ermächtigung des Bundesausschusses der Ärzte und Krankenkassen zur konkretisierenden Normsetzung mit Bindungswirkung gegenüber Versicherten, Vertragsärzten und Krankenkassen in bezug auf Inhalt und Umfang der ärztlichen Behandlung (§ 92 Abs. 1 Satz 2 Nr. 1 SGB V) ist mit dem GG vereinbar.
>
> Die Zuweisung der Normsetzungsbefugnis an den Bundesausschuß ist Bestandteil eines generellen Regelungskonzeptes, das die Rechtssetzung durch untergesetzliche Normen den an der kassenärztlichen (nunmehr: vertragsärztlichen) Versorgung beteiligten Körperschaften der Krankenkassen und der Ärzte übertragen hat. Dieses für das Recht der gesetzlichen Krankenversicherung charakteristische Konzept wurde bereits zu Beginn der 30er Jahre entwickelt und war als solches bei Schaffung des GG vorhanden. Es beruht darauf, daß das zunächst auf privatrechtlicher Grundlage zwischen Ärzten und Krankenkassen geschaffene Vertragssystem (vgl. das sog. „Berliner Abkommen" vom 23. Dezember 1913; dazu Hess/Venter, Das Gesetz über Kassenarztrecht, 1955, S. 23; Schneider, Handbuch des Kassenarztrechts, 1994, Rdnr. 37 ff.) durch ein öffentlich-rechtliches System kollektivvertraglicher Beziehungen zwischen den Körperschaften der Krankenkassen und der Ärzte abgelöst wurde. Mit der durch die Verordnung über die kassenärztliche Versorgung vom 14. Januar 1932 (RGBl I 19) erfolgten Neuregelung des Kassenarztrechts in den §§ 368 ff. der Reichsversicherungsordnung (RVO) wurde der Kollektivvertrag endgültig als Grundlage der Rechtsbeziehungen zwischen Krankenkassen und Ärzten eingeführt (zum Ganzen Hess/Venter, a.a.O., S. 32 f.; Richter, Das kassenärztliche Recht von 1931/32, 1932, S. 23 f.; Jantz/Prange, Das gesamte Kassenarztrecht, 1955, S. 11 ff.). Das Gesetz bestimmte, daß die Krankenkassen (Kassenverbände/Kassenvereinigungen) und die KÄVen die ärztliche Versorgung der Kassenmitglieder durch Gesamt- und Mantelverträge zu regeln hatten (§ 368 RVO i.d.F. der Verordnung vom 14. Januar 1932 – dazu Schneider, a.a.O., Rdnr. 83 ff.). Die Gesetzgebung unter der Geltung des GG hat nicht nur an das Regelungskonzept der Rechtssetzung durch Normverträge angeknüpft und die „vertragliche Ingeltungsetzung genereller Regelungen" (Ebsen in: Schulin, a.a.O.) durch Bundesmantelverträge (§ 82 Abs. 1 SGB V), Gesamtverträge (§ 83 Abs. 1 SGB V) sowie für weitere Bereiche vorgesehen (vgl. z. B. § 84 Abs. 1, § 106 Abs. 3 SGB V). Darüber hinaus ist dieses Instrument im SGB V in vielfältiger Weise ausgebaut und auch im Verhältnis zu weiteren Leistungserbringern wie den Zahntechnikern (§ 88 Abs. 1 SGB V), den Heil- und Hilfsmittelerbringern (§ 125, § 127 SGB V) sowie für den Krankenhausbereich (§ 112, § 115 SGB V) vorgeschrieben worden.
>
> Integraler Bestandteil des dargestellten Regelungskonzeptes ist die Zuweisung von Normsetzungsbefugnissen an – im wesentlichen von den an der kassen-/vertragsärztlichen Versorgung beteiligten Partnern gebildete – Ausschüsse. Das gilt zum einen von dem durch den Bewertungsausschuß (§ 87 Abs. 3, 4 SGB V; zur Rechtsnatur des Bewertungsausschusses S. BSG SozR 3–2200 § 368 g Nr. 2) vereinbarten einheitlichen Bewertungs-

[16] BSGE 78, 70 ff.

maßstab, in dem der Inhalt der abrechnungsfähigen Leistungen und ihr wertmäßiges, in Punkten ausgedrücktes Verhältnis zueinander bestimmt wird (§ 87 Abs. 2 SGB V). Das gilt zum anderen für die Normsetzung durch Richtlinien des Bundesausschusses der Ärzte (Zahnärzte) und Krankenkassen (§ 92 Abs. 1 SGB V). Insoweit knüpft das geltende Recht an die bereits für den Bereich der Kollektivverträge geschilderte Entwicklung an. Erstmals wurden nämlich dem Vorläufer des heutigen Bundesausschusses, dem Reichsausschuß der Ärzte und Krankenkassen, Normsetzungsbefugnisse durch § 368i RVO i.d.F. der Verordnung vom 14. Januar 1932 übertragen (dazu: Hess/Venter, a.a.O., S. 35; Schneider, a.a.O., Rdnr. 66 ff.), wobei diese Kompetenz zum ersten Mal durch Erlaß der Arzneimittel-Richtlinien vom 22. Juni 1932 (Amtliche Nachrichten für Reichsversicherung 1932, IV, 373) ausgeübt wurde.

Dieses gemeinhin als gemeinsame Selbstverwaltung von Ärzten und Krankenkassen (kritisch hierzu: Schulin, Handbuch des Sozialversicherungsrechts, a.a.O., § 6 Rdnr. 97) bezeichnete Regelungskonzept ist Ausdruck des das Recht der gesetzlichen Krankenversicherung beherrschenden Naturalleistungsprinzips (Sachleistungsprinzip) und untrennbar mit diesem verbunden. Danach erbringen die Krankenkassen die Leistungen gegenüber den Versicherten nicht selbst, sondern bedienen sich dafür selbständig tätiger Leistungserbringer, mit denen sie Verträge zu schließen haben (§ 2 Abs. 2 SGB V). Die Vertragsärzte wiederum konkretisieren im Verhältnis zu den Versicherten deren Leistungsansprüche gegen die Krankenkassen (zum Naturalleistungsprinzip Schulin, a.a.O., § 6 Rdnr. 106; BSGE 73, 271, 274 f. = SozR 3–2500 § 13 Nr. 4). Das Naturalleistungsprinzip setzt damit Rechtsbeziehungen zwischen Krankenkassen und den Leistungserbringern voraus. Das daraus erwachsene System der gemeinsamen Selbstverwaltung von Ärzten und Krankenkassen beruht auf der Erkenntnis, daß im Rahmen der gesetzlichen Krankenversicherung zwischen Leistungsrecht und Leistungserbringungsrecht eine enge Verzahnung besteht, die es aus Sachgründen zulässig und geboten sein läßt, innerhalb des gesetzlich vorgegebenen Rahmens den Inhalt von Leistungs- und Leistungserbringungsrecht durch gemeinsame Entscheidungen etwa vertraglicher Art oder durch gemeinsame Gremien der Ärzte und Krankenkassen festzulegen (zur Bedeutung der gemeinsamen Selbstverwaltung allgemein: Schneider, a.a.O., Rdnr. 1168). Wird eine gemeinsame Selbstverwaltung als zulässiges Regelungsinstrument akzeptiert, ist die Zuweisung von Normsetzungsbefugnissen an die Vertragsparteien der gemeinsamen Selbstverwaltung notwendige Konsequenz; denn erst die Normsetzungskompetenz und ihre Wahrnehmung führt dazu, daß im Rahmen der gemeinsamen Selbstverwaltung getroffene Entscheidungen mit Wirkung gegenüber den Versicherten sowie den Krankenkassen einerseits und den Vertragsärzten andererseits durchgesetzt werden können. Entfiele die Befugnis zur Normsetzung, wäre die tatsächliche Wahrnehmung einer gemeinsamen Selbstverwaltung von Ärzten und Krankenkassen weitgehend obsolet.

Die Ermächtigung zur Normsetzung an den genannten Bundesausschuß entspricht den aus Art 80 GG sowie dem Demokratie- und Rechtsstaatsprinzip abzuleitenden Anforderungen an die Zulässigkeit einer Normsetzung durch Institutionen außerhalb des dazu primär berufenen Parlaments. Diese Anforderungen sind unterschiedlich, je nachdem, ob eine Stelle der hierarchisch organisierten staatlichen Exekutive oder aber eine Einrichtung der mittelbaren Staatsverwaltung, welcher für einen begrenzten Bereich das Recht zur Selbst-Gesetzgebung (Autonomie) verliehen wurde, mit der Rechtsetzung beauftragt wird. In Ausprägung des Subsidiaritätsprinzips können über die in Art 80 Abs. 1 Satz 1 GG genannten staatlichen Exekutivstellen hinaus auch Körperschaften, Anstalten und Verbände mit der eigenverantwortlichen Regelung solcher Angelegenheiten betraut werden, die sie selbst betreffen und die sie am sachkundigsten auch selbst beurteilen können (vgl. BVerfGE 33, 125, 156; Merten, Möglichkeiten und Grenzen der Selbstverwaltung, Bd 120 der Schriftenreihe der Hochschule Speyer, 1995, S. 11, 15). Dadurch wird das Parlament von Detailregelungen entlastet, deren tatsächliche Grundlagen für Außenstehende schwer erkennbar sind und auf deren Veränderung im Gesetzgebungsverfahren oftmals nicht rasch genug reagiert werden könnte.

Die Verleihung von Satzungsautonomie ist dabei nicht auf mitgliedschaftlich strukturierte Körperschaften, in denen gleichgerichtete Interessen gebündelt werden, beschränkt; vielmehr kommen auch Anstalten des öffentlichen Rechts in Frage, sofern der Gedanke der Betroffenen-Partizipation bei der Ausgestaltung der Entscheidungsgremien wenigstens durch Beteiligung der relevanten Gruppen seinen Niederschlag findet (vgl. BVerfGE 37, 1, 25; Clemens, Festschrift für Böckenförde, 1995, S. 259, 266, Fn 35; Tempel-Kromminga, a.a.O., S. 119). Im letztgenannten Fall muß allerdings zum Ausgleich dafür, daß die durch Wahl von Repräsentanten vermittelte quasi-demokratische Legitimation der Entscheidungsträger (vgl. Merten, a.a.O., S. 19) fehlt, in einer den Anforderungen des Art 80 Abs. 1 Satz 2 GG entsprechenden Weise Inhalt, Zweck und Ausmaß der Normsetzungsermächtigung im Parlamentsgesetz selbst festgelegt sein (BVerfGE 37, 1, 25; ebenso Ebsen, VSSR 1990, 57, 61; Umbach/Clemens, VSSR 1992, 265, 292). Zudem ist eine ausreichende Einwirkungs- und Überwachungsmöglichkeit der dem demokratischen Gesetzgeber verantwortlichen staatlichen Exekutive erforderlich (BVerfGE 37, 1, 27)."

Dieser „neuen" Beurteilung hat sich der für das Krankenversicherungsrecht zuständige 1. Senat in mehreren parallel verhandelten Urteilen vom 16.09.1997[17] im Ergebnis angeschlossen. Zugleich hat er entschieden, dass die Leistungspflicht der Krankenkassen für neue Untersuchungs- und Behandlungsmethoden solange ausgeschlossen ist, bis diese Methoden in den Richtlinien als zweckmäßig anerkannt worden sind. Der 1. Senat hat diese Bindungswirkung im Gegensatz zum 6. Senat allerdings nicht aus einer Satzungsbefugnis der Bundesausschüsse abgeleitet. Er hat den Richtlinien vielmehr die Qualität von Normsetzungsverträgen verliehen und dies wie folgt begründet:

„Die im Schrifttum gegen die Übertragung von Rechtsetzungsbefugnissen auf die Bundesausschüsse der Ärzte und Krankenkassen erhobenen verfassungsrechtlichen Einwände (von Zezschwitz, Freundesgabe für Söllner, 1990, 645; Papier, VSSR 1990, 123, 130ff; Wimmer, NJW 1995, 1577; ders., MedR 1996, 425; Ossenbühl, NZS 1997, 497) werden vom Senat nicht geteilt. Die Richtlinien der Bundesausschüsse sind Teil eines umfassenden Gefüges untergesetzlicher Normen, die von den zur Sicherstellung der vertragsärztlichen Versorgung gebildeten Körperschaften der Krankenkassen und (Zahn)Ärzte aufgrund gesetzlicher Ermächtigung gemeinsam zu dem Zweck erlassen werden, eine den Vorgaben des Gesetzes entsprechende ambulante ärztliche Versorgung der Versicherten zu gewährleisten. Die dabei praktizierte Form der Rechtsetzung durch Kollektivverträge (Normsetzungsverträge) zwischen Krankenkassenverbänden und Kassenärztlichen Vereinigungen sowie ergänzende Regelungen, die von gemeinsamen Gremien der (Zahn)Ärzte und Krankenkassen beschlossen werden, hat in der gesetzlichen Krankenversicherung eine lange, in die vorkonstitutionelle Zeit zurückreichende Tradition. Sie hat ihren Grund in zwei tragenden

---

[17] BSGE 81, 54ff.

Prinzipien des deutschen Krankenversicherungsrechts, nämlich auf der einen Seite dem Sachleistungsgrundsatz und auf der anderen Seite dem Leitbild des freiberuflich tätigen Arztes als Träger der ambulanten medizinischen Versorgung. Ihrer Verpflichtung, den Versicherten die benötigten Leistungen als Naturalleistungen kostenfrei zu verschaffen und sich dazu der Mitwirkung niedergelassener Ärzte und anderer selbständiger Leistungserbringer zu bedienen, können die Krankenkassen nur durch Abschluß entsprechender Verträge mit den Leistungserbringern nachkommen. Das zur Erfüllung der Sachleistungsverpflichtung und zur Sicherung einer ausreichenden Versorgung bereits Anfang der dreißiger Jahre entwickelte und seither historisch gewachsene öffentlich-rechtliche System kollektivvertraglicher Beziehungen zwischen den Krankenkassen bzw ihren Verbänden und den Körperschaften der Ärzte und Zahnärzte setzt die Zuweisung von Normsetzungsbefugnissen an die Vertragspartner voraus; denn es kann seinen Zweck nur erfüllen, wenn die in Gesamtverträgen und Mantelverträgen vereinbarten Regelungen nicht nur die vertragschließenden Körperschaften, sondern auch die durch sie repräsentierten Vertragsärzte und Versicherten binden. Zwar sieht das Grundgesetz die Schaffung materiellen Rechts durch Normenverträge nicht vor. Auch kann diese Art der Rechtserzeugung ungeachtet der Bezeichnung des Regelungskonzepts als „gemeinsame Selbstverwaltung von Ärzten und Krankenkassen" nicht dem Bereich der autonomen Rechtsetzung zugeordnet werden, der im wesentlichen mitgliedschaftlich strukturierten Körperschaften zur eigenverantwortlichen Regelung der sie selbst betreffenden Angelegenheiten vorbehalten ist. Indessen vermag der Senat dem Grundgesetz keinen numerus clausus zulässiger Rechtsetzungsformen in dem Sinne zu entnehmen, daß neben den ausdrücklich genannten Instrumenten des formellen Gesetzes und der Rechtsverordnung sowie den vom Bundesverfassungsgericht anerkannten Regelungstypen der autonomen Satzung und der Tarifvertragsnormen weitere Formen der Rechtsetzung schlechthin ausgeschlossen wären. Er hält deshalb; wie er im Urteil vom 16. September 1997 (1 RK 32/95, zur Veröffentlichung bestimmt) in Übereinstimmung mit der Rechtsprechung des 6. Senats des Bundessozialgerichts (BSGE 78, 70, 77 ff = SozR 3-2500 § 92 Nr 6 S 32 ff näher ausgeführt hat, die gesetzliche Ermächtigung zu gemeinsamer Rechtsetzung durch die Körperschaften der Krankenkassen und Ärzte bzw von diesen gebildete Ausschüsse im Ergebnis für verfassungsgemäß."

Nur wenige Monate später hat sich der 6. Senat des Bundessozialgerichts erneut zu der Frage der demokratischen Legitimation des Gemeinsamen Bundesausschusses geäußert und seine Position zugleich inhaltlich weiterentwickelt. Mit Urteil vom 18.03.1998[18] hat er – im Sinne einer Betroffenen-Selbstverwaltung – eine kontinuierliche ununterbrochene Legitimationskette konstruiert, die die Normsetzungsbefugnis des Gemeinsamen Bundesausschusses legitimieren soll. Dazu führt er aus:

„Der erkennende Senat geht im Ergebnis ebenso wie der 1. Senat des Bundessozialgerichts – BSG – (BSGE 81, 54, 64 = SozR 3-2500 § 135 Nr 4 S 20; BSGE 81, 73, 84 = SozR 3-2500 § 92 Nr 7 S 60) davon aus, daß sich dem GG nicht das Verbot entnehmen läßt, für einen begrenzten Sachbereich Satzungsautonomie auch auf eine Einrichtung zu übertragen, die von zwei Körperschaften gebildet und durch diese demokratisch legitimiert ist. Einer solchen Einrichtung kann die Befugnis zur Satzungsgebung eingeräumt werden, wenn von den Mitgliedern beider Körperschaften her eine (verbands-)demokratische Legitimation be-

[18] BSG NZS 1999, 50 ff.

steht. Dann kann die Einrichtung verbindliche Regelungen gegenüber den Mitgliedern beider Körperschaften treffen, und die Bindungswirkung kann auch auf die Mitglieder jeweils nachgeordneter weiterer Körperschaften erstreckt werden. Eine derartige Struktur weist der Bundesausschuß der Ärzte und Krankenkassen auf, dem die Befugnis eingeräumt ist, Regelungen mit normativer Wirkung für die ihn tragenden Körperschaften und für deren Mitglieder sowie für die Angehörigen der weiteren nachgeordneten Körperschaften zu erlassen. Der Bundesausschuß kann Richtlinien erlassen mit bindender Wirkung sowohl für die KÄVen und ihre Mitglieder – die Ärzte – als auch für die Krankenkassen und ihre Mitglieder – die Versicherten –. Von beiden Gruppen her, sowohl von den Ärzten als auch von den Versicherten, besteht eine ausreichende (verbands-)demokratische Legitimation. Hierfür ist – in Anlehnung an die Rechtsprechung des BVerfG zum allgemeinen Demokratieprinzip – eine kontinuierliche (ununterbrochene) Legitimationskette erforderlich, wobei ein nur mittelbarer Legitimationszusammenhang – eventuell vermittelt über mehrere Stufen – grundsätzlich ausreicht (vgl BVerfGE 47, 253, 275; 52, 95, 130; 77, 1, 40; 83, 60, 72 f). Eine solche Kette ergibt sich bei den betroffenen Ärzten dadurch, daß diese ihre Vertreter in die Vertreterversammlung der KÄV wählen (§ 80 Abs 1 Satz 1 SGB V), diese ihrerseits Vertreter in die Vertreterversammlung der Kassenärztlichen Bundesvereinigung (KBV) wählt (§ 80 Abs 1 Satz 3 SGB V) und diese wiederum ihre Vertreter in den Bundesausschuß wählt (§ 5 Abs 2 der Satzung der KBV). Eine demokratische Legitimation besteht im übrigen aber auch (entgegen Ossenbühl NZS 1997, 497, 502) bei den Versicherten. Diese wählen im Rahmen der Sozialversicherungswahlen (§ 45 Sozialgesetzbuch – Gemeinsame Vorschriften für die Sozialversicherung [SGB IV]) ihre Vertreter in den Verwaltungsrat der Krankenkasse (§ 46 iVm § 31 Abs 3a SGB IV), dieser wählt dann – sofern die Krankenkasse nicht ohnehin die Rechte und Pflichten des Landesverbandes wahrnimmt – seine Vertreter in den Verwaltungsrat des Landesverbandes (§ 209 Abs 2 Satz 2 iVm Abs 3 SGB V), dieser wiederum wählt seine Vertreter in den Verwaltungsrat des Bundesverbandes der Krankenkassen (§ 215 Abs 1 Satz 1 SGB V), und dieser bestimmt seine Vertreter für die Bundesausschüsse (vgl zB § 12 Abs 7 Nr 4 der Satzung des AOK-Bundesverbandes). Die Schlußfolgerung, daß der Bundesausschuß der Ärzte und Krankenkassen aufgrund seiner Struktur als gemeinsames Gebilde der ihn tragenden Körperschaften – der KBV und der Bundesverbände der Krankenkassen – verbandsdemokratisch legitimiert ist und dadurch die Verleihung autonomer Rechtsetzungsbefugnisse keinen verfassungsrechtlichen Bedenken unterliegt, läßt sich zusätzlich stützen durch den folgenden Vergleich. Die gleichen Ergebnisse und normativen Wirkungen hätte der Gesetzgeber erreichen können, indem er die Körperschaften ermächtigt, durch Verträge miteinander bindende Normen für ihre jeweiligen Mitglieder und diejenigen der weiteren nachgeordneten Körperschaften zu schaffen (sog Normsetzungsverträge, vgl zu deren Zulässigkeit zusammenfassend BSGE 81, 73, 83 f = SozR 3–2500 § 92 Nr 7 S 59). In der Weise zu differenzieren, daß zwar diese Struktur zulässig, die Bildung eines körperschaftsübergreifenden Ausschusses und der Erlaß untergesetzlicher Normen durch ihn aber unzulässig sein könnte, wäre verfassungsrechtlich nicht gerechtfertigt.

Vor dem Hintergrund dieser Legitimationsbasis hat der Senat schon bisher die Befugnis des Bundesausschusses zur Normkonkretisierung anerkannt, auch gerade im Bereich der Bedarfsplanung (vgl. Senatsurteile vom 19. März 1997, BSG SozR 3–2500 § 101 Nr 1 S 3, und vom 3. Dezember 1997 – 6 RKa 64/96 –, zur Veröffentlichung vorgesehen). Er hat damit an seine Entscheidung zu den Richtlinien über die Einführung neuer Untersuchungs- und Behandlungsmethoden (NUB-RL) angeknüpft (vgl. das sog Methadon-Urteil vom 20. März 1996, BSGE 78, 70, 74 ff = SozR 3–2500 § 92 Nr 6 S 29 ff). Ebenso haben auch andere

Senate des BSG die Richtlinien des Bundesausschusses der Ärzte und Krankenkassen als Maßstab richterlicher Kontrolle angesehen, ihre Bindungswirkung also grundsätzlich bejaht (betr NUB-RL Urteile des 1. Senats vom 16. September 1997, BSGE 81, 54, 63 ff = SozR 3–2500 § 135 Nr 4 S 18 ff; BSGE 81, 73, 80 ff = SozR 3–2500 § 92 Nr 7 S 55 ff; ebenfalls betr NUB-RL Beschluß des 10. Senats vom 9. Dezember 1997 – 10/4 BK 1/96 –; siehe weiterhin schon früher im Grundsatz ebenso, wenn auch mit anderer Begründung, das Urteil des 4. Senats vom 16. Dezember 1993, BSGE 73, 271, 287 ff = SozR 3–2500 § 13 Nr 4 S 27 ff betr Heil- und Hilfsmittel-Richtlinien des Bundesausschusses; vgl. ferner das Urteil des 3. Senats vom 19. November 1997 – 3 RK 6/96 –, zur Veröffentlichung vorgesehen, betr NUB-RL mit Bezugnahme auf die Urteile des 1. und 6. Senats)."

In einer weiteren Entscheidung vom 09. 12. 2004, die bereits die für die demokratische Legitimation der funktionalen Selbstverwaltung grundlegende Wasserverbandsentscheidung des Bundesverfassungsgerichts berücksichtigen konnte, hat das Bundessozialgericht seine Argumentation ein weiteres Mal fortentwickelt und sich speziell zum Erfordernis ununterbrochener Legitimationsketten geäußert. Im Einzelnen wird dazu ausgeführt:

„Der Gesetzgeber hat bei der Regelung der Organisationsform und der Ausübung der Hoheitsgewalt sowie bei der Schaffung von Organisationsformen der Selbstverwaltung außerhalb der unmittelbaren Staatsverwaltung eine weite Gestaltungsfreiheit (BVerfGE 107, 59, insbes S 91, aber auch S 90 bis 94, 98 f). Eine „ununterbrochene Legitimationskette" von den Normunterworfenen hin zum Normgeber bzw den Repräsentanten im Normsetzungsgremium ist nicht erforderlich (BVerfGE aaO S 87, 91, 94; weiter gehend noch BSGE 82, 41, 46 f). Erforderlich sind lediglich ausreichende Vorkehrungen dafür, dass die Interessen der Betroffenen angemessen berücksichtigt werden (BVerfGE aaO S 93, 100). Dafür müssen die betroffenen Gruppen im Selbstverwaltungsgremium vertreten sein (BVerfG, Beschluss vom 13. 7. 2004, 1 BvR 1298/94, RdNr 153). Ein Gebot strikter formaler Gleichheit besteht dabei nicht (vgl BVerfGE 41, 1, 12; 54, 363, 388 f mwN, dagegen strenger im Bereich parlamentarischer Repräsentation). Nicht alle betroffenen einzelnen (Unter-)Gruppen müssen notwendigerweise mitrepräsentiert sein (so BVerfGE 70, 324, 364, sogar im Falle parlamentarischer Gremien). Unschädlich ist auch, wenn in dem Gremium Nichtbetroffene vertreten sind, was zur Einbeziehung weiteren Sachverstandes sinnvoll sein kann; dabei müssen die Betroffenen aber die Mehrheit bilden (vgl BVerfGE 93, 37, 67 f, 72; 107, 59, 88, 99)."[19]

Das Bundessozialgericht hat damit in verhältnismäßig kurzer Zeit bei gleichbleibendem Ergebnis verschiedene dogmatisch-konstruktive Begründungen für die ausreichende (demokratische) Legitimation der Richtlinien des Gemeinsamen Bundesausschusses „geliefert". Durch die Entscheidung aus dem Jahr 2004 hat es seine Rechtsprechung in die neueren Entwicklungen der Rechtsprechung des Bundesverfassungsgerichts „eingepasst".

Vor allem die Rechtsprechung der Jahre 1996 und 1997 hat in Bezug auf ihr Ergebnis, noch mehr aber hinsichtlich der Argumentation neben zahlreichen zu-

---

[19] BSGE 94, 50 (74). Daran anschließend BSGE 96, 261 ff.

stimmenden Stellungnahmen und Rezeptionen eine z. T. harsche Kritik provoziert, die bis heute anhält und deshalb genauer zu betrachten ist.

3. Reaktionen der wissenschaftlichen Literatur

Die wissenschaftliche Literatur zum Gemeinsamen Bundesausschuss ist neben Darstellungen zu seiner Organisation und Arbeitsweise durch eine grundsätzliche Analyse seiner demokratischen Legitimation gekennzeichnet.[20] Dabei versuchen die kritisch ausgerichteten Autoren, sich in semantischen Zuspitzungen zu übertreffen, um ihren verfassungsrechtlichen Bedenken Ausdruck zu verleihen.[21] Abgesehen davon, dass viele der kritischen Einlassungen durch bestimmte verfassungsrechtliche Vorverständnisse der Autoren sowie – aus heutiger Sicht – nicht (mehr) auf den aktuellen Stand bezogene Rezeptionen der verfassungsgerichtlichen Rechtsprechung zur funktionalen Selbstverwaltung[22] geprägt zu sein scheinen, geht es in der Sache um eine dogmatische Kontroverse in Bezug auf die Anforderungen an die personelle demokratische Legitimation in Selbstverwaltungskörperschaften. Der Streit dreht sich dabei namentlich um die Frage, ob das für den Bereich der Ministerialverwaltung entwickelte Modell der Legitimationsvermittlung durch Parlamentsgesetze (sachlich-inhaltliche Legitimation) und Ernennungsakte (personelle demokratische Legitimation)[23] auch für die funktionale Selbstverwaltung und damit den Gemeinsamen Bundesausschuss Geltung beansprucht, oder ob für den Bereich der funktionalen Selbstverwaltung insoweit *andere Formen der personellen demokratischen Legitimation* (!) bzw. der Verzicht auf sie verfassungsrechtlich zulässig sind.[24]

Wendet man das für den Bereich der Ministerialverwaltung entwickelte Modell ohne Modifikationen auf die funktionale Selbstverwaltung bzw. den Gemeinsamen Bundesausschuss an, so führt dies notwendigerweise zu einem defizitären Legitimationsbefund, basiert diese Form der Selbstverwaltung – ebenso wie die kommunale Selbstverwaltung, die aber auf das Staatsvolk in den Kommunen gestützt und verfassungsrechtlich verankert ist – doch gerade auf dem Gedanken einer eigenständigen Auswahl der Leitungsorgane, denen die „zweckaufsichtsfreie" Gestaltungsaufgabe als ein Kernelement von Selbstverwaltung zugewiesen ist. Es bleibt

[20] Zusammenfassend *Schmidt-De Caluwe*, in: Kern/Lilie, S. 379 ff.

[21] Mit Nachweisen dokumentiert bei *Zimmermann*, S. 1 f.

[22] Das gilt vor allem für die Aussagen zur demokratischen Legitimation der Träger funktionaler Selbstverwaltung in der Rechtsprechung des Bundesverfassungsgerichts (insbes. BVerfGE 33, 125 [157 f.]; 107, 59 [92 ff.]; 111, 191 [215 ff.]) , die kaum zur Kenntnis genommen und vor allem in ihren grundlegenden Wertungen nicht hinreichend beachtet werden.

[23] Siehe exemplarisch die Darstellung bei *Böckenförde*, in: Isensee/Kirchhof, HStR II, § 24, Rn. 9 ff. Siehe auch *Kluth*, Funktionale Selbstverwaltung, S. 342 ff.

[24] Eine gründliche und aktuelle Darstellung des Meinungsspektrums bietet *Zimmermann*, S. 107 ff. Zur Vermeidung unnötiger Wiederholungen und weil auf die einzelnen Argumente später eingegangen wird, sei an dieser Stelle darauf verwiesen.

dann nur der „Ausweg“, die (funktionale) Selbstverwaltung durch Gründe von Verfassungsrang – wozu u. a. die Anerkennung bestimmter Selbstverwaltungstypen in Art 87 GG gehört – als demokratisch defizitäre Ausnahme in engen Grenzen zu rechtfertigen.[25]

Der an diese Problematik anknüpfende Meinungsstreit in der Literatur kann in Bezug auf die kritische Beurteilung[26] des Gemeinsamen Bundesausschusses in seinen zentralen Aspekten mit den folgenden Ausführungen *Kingreens*[27] zusammengefasst werden:

> „Weil das Gesundheitsrecht durch ein recht eigentümliches Mischungsverhältnis von hierarchischer Grobsteuerung, korporativer Selbstregulierung und zunehmend auch wettbewerblicher Allokation geprägt ist, lässt sie (die Frage nach der demokratischen Legitimation, Anm. d. Verf.) sich mit dem für die unmittelbare Staatsverwaltung entwickelten monistischen Legitimationsmodell allein nicht beantworten. Die korporatistischen Amtsträger leiten ihre Stellung nicht aus einer Kette von Ernennungsakten ab, die ihren Ausgang beim Staatsvolk nimmt und die sachlich-inhaltliche Steuerung durch das Parlamentsgesetz ist im Interesse der eigenverantwortlichen Aufgabenwahrnehmung schwächer ausgeprägt als im Bereich der unmittelbaren Staatsverwaltung. Dementsprechend ist auch die funktionale Selbstverwaltung eine Ergänzung und Verstärkung des Demokratieprinzips, so dass man überlegen könnte, die korporatistischen Institutionen wie den Gemeinsamen Bundesausschuss als Ausdruck der Selbstorganisation der Versicherten zu verstehen und dann über ein pluralistisches Demokratiemodell zu legitimieren. Doch wäre es kurzschlüssig, den Gemeinsamen Bundesausschuss nur deshalb am Legitimationskonzept für die funktionale Selbstverwaltung zu messen, weil er begrifflich unter der Flagge Selbstverwaltung segelt. Denn hier findet keine kollektive Wahrnehmung von den im Grundsatz homogenen Interessen durch einen abgrenzbaren Kreis von Betroffenen statt, sondern arbeiten gesundheitspolitische Kontrahenten ihre Verteilungskonflikte mit unmittelbaren Auswirkungen auf die Versicherten ab.“

Auffällig ist an dieser markanten Textpassage zunächst, dass bereits durch eine stark färbende Wortwahl („eigentümlich“, „korporatistisch“) bei der Sachverhaltsbeschreibung die rechtliche Bewertung ein Stück weit vorweggenommen und eine „neutrale“ Beurteilung erschwert wird. Denn es ist gerade die Frage, ob die Konstruktion „eigentümlich“ ist, was geringe oder fehlende Rationalität suggeriert, oder als sachgerecht vor dem Hintergrund komplexer Strukturen, die es zu normieren gilt,

[25] So etwa bei *Böckenförde*, in: Isensee/Kirchhof, HStR II, § 24, Rn. 29 ff. und den seinem Modell folgenden Autoren.

[26] Zustimmend dagegen die ständige Rechtsprechung des BSG (siehe nur BGSE 78, 70, 81; 81, 73, 82), wobei die einzelnen Senate teilweise verschiedene Argumentationslinien nutzen. In der Literatur wird eine hinreichende demokratische Legitimation des Gemeinsamen Bundesausschusses vor allem von *Zimmermann*, Der Gemeinsame Bundesausschuss, 2012; *Hauck*, NZS 2010, 600. Eine eigene Position vertritt *Neumann*, NZS 2010, 593, der entweder einen stärkeren Einfluss der Mitglieder oder eine stärkere staatliche Aufsicht verlangt, sich aber nicht klar dazu äußert, ob er die aktuelle Konstruktion für verfassungswidrig hält.

[27] *Kingreen*, in: VVDStRL 70, 2011, S. 152 (177 ff.) – die Nachweise im Originaltext werden hier nicht wiedergegeben. Ähnlich kritisch *Vießmann*, Demokratische Legitimation, 2009.

anzusehen ist. Auch mit der Bezeichnung der Amtsträger als „korporatistisch" wird eine zunächst unklare und jenseits herkömmlicher organisationsrechtlicher Kategorien liegende Zuordnung vorgenommen, die auch nicht näher erläutert oder gar begründet wird.

Vor allem aber übersieht der Autor wesentliche Aspekte der „Wirklichkeit" der funktionalen Selbstverwaltung, die in vielen Bereichen gerade nicht durch *homogene* Interessen, sondern ihren *gruppenpluralen* Charakter und damit durch Interessenvielfalt gekennzeichnet und auf internen Interessenausgleich ausgerichtet ist.[28]

Weiter führt Kingreen aus:

> „Als autonome Rechtsetzung könnte man diese Form des Interessenausgleichs allenfalls ansehen, wenn man die Versicherten zum ‚Verbandsvolk' der Krankenkassen befördert. Doch auch dann müsste der Gesetzgeber organisatorische und prozedurale Vorkehrungen dafür treffen, dass die Krankenkassen die Interessen der Versicherten angemessen berücksichtigen. Die Versicherten haben aber praktisch keinen Einfluss auf die Zusammensetzung der Krankenkassenorgane und damit auch nicht auf die von den Krankenkassen entsandten Mitglieder im Gemeinsamen Bundesausschuss."

Hier wird der Finger in eine – vermeintliche – Wunde gelegt, indem die Rolle der Versicherten, die durch die Krankenkassenorganisation mitrepräsentiert sind, als defizitär für ein Modell der Betroffenen-Selbstverwaltung beschrieben wird.

Die Überlegungen führen schließlich zu der pointierten Feststellung:

> „Im Gesundheitsrecht gilt damit ein *umgekehrter Parlamentsvorbehalt:* Das Wesentliche steht nicht im Gesetz, sondern wird unter weitgehendem Ausschluss der Versicherten durch Interessenverbände ausgehandelt".

Dieser Satz formuliert implizit zwei Lösungsvorschläge für das „erkannte" Problem: Entweder übernimmt der Gesetzgeber die Detailsteuerung der Leistungserbringung oder er verleiht „den Versicherten" ein stärkeres Mitwirkungsmandat im Gemeinsamen Bundesausschuss bzw. dem System der gesetzlichen Krankenversicherung insgesamt (wobei es um diesen Aspekt eigentlich gehen dürfte). Der erste Vorschlag würde aber nicht nur den parlamentarischen Gesetzgeber überfordern und die Anpassung an neue Entwicklungen in den einzelnen Leistungsbereichen unnötig erschweren. Er würde auch auf eine bewährte Arbeitsteilung zwischen Parlament und Exekutive bei der Normsetzung verzichtet und die Wissensgenerierung verschlechtern. Der zweite Vorschlag verkennt einerseits, dass in den Trägern der gesetzlichen Krankenversicherungen die Versicherten repräsentiert sind[29] und dass es bislang kein tragfähiges Modell für eine darüber hinausgehende Repräsentation „der" Versicherten gibt. Nur dort, wo sich Versicherte bestimmten

---

[28] *Kluth*, Funktionale Selbstverwaltung, S. 232 ff.

[29] An dieser Stelle ist auch durch eine Verbesserung der Wahlrechtsmodalitäten anzusetzen, wenn es darum geht, die Interessen der Versicherten in den Organisationen zu stärken. Siehe dazu die Analysen und Vorschläge bei *Braun/Klenk/Kluth/Nullmeier/Welti*, Modernisierung, 2009.

Risikofeldern (chronisch Kranke usw.) zuordnen und damit organisieren lassen, gibt es ausreichende Anhaltspunkte, um eine Beteiligung zu organisieren. In allen anderen Fällen bleibt es bei einer vagen Bürgerbeteiligung, die kaum spezifische Legitimationsleistungen zu erzeugen in der Lage ist, sondern vielmehr die Okkupation durch Verbandsvertreter mit sich bringt.

Insgesamt zeigen die pointiert formulierten Aussagen aber sehr deutlich, an welchen Stellen die Mängel in der demokratischen Legitimation des Gemeinsamen Bundesausschusses gesehen werden, welche neuralgischen konstruktiven Fragen im Vordergrund stehen (hier ist vor allem die Frage der Repräsentation der Versicherten anzusprechen) und wo „bessere" Antworten erforderlich sind (dies betrifft vor allem die „Erklärung" des Legitimationsmodells, von dem der Gesetzgeber ausgeht).

Im Ergebnis ähnlich kritisch, aber mit anderen Akzenten äußert sich Schmidt-de Caluwe in seiner Kommentierung des § 91 SGB V, wenn er zum aktuellen Stand des Verfahrens zur Besetzung des Gemeinsamen Bundesausschusses ausführt:

> „(...) der BT-Ausschuss für Gesundheit (erhält) das Recht, die vorgeschlagenen Personen anzuhören und ihrer Berufung innerhalb einer Frist von sechs Wochen mit Zweidrittelmehrheit zu widersprechen, wenn er die Unabhängigkeit oder die Unparteilichkeit als nicht gewährleistet erachtet (Abs. 2 S. 5). Ob und wen von den neun Vorgeschlagenen er anhören will, entscheidet der Ausschuss autonom. Zweck der Einschaltung des BT-Gesundheitsausschusses ist nach Ansicht des Reg.E. einerseits die Sicherung der Neutralität der unparteiischen G-BA-Mitglieder und andererseits die Ergänzung der in dem Selbstverwaltungsprinzip begründeten Legitimation des G-BA; die unparteiischen Mitglieder erhielten zusätzlich eine vom Parlament abgeleitete Legitimation und dies stärke die Legitimationsbasis des G-BA insgesamt (BT-Drs. 17/6906, 67).
>
> Ob eine solche „Verdopplung" der Legitimationsstränge indes im Ergebnis tatsächlich zu einer Erhöhung des Legitimationsniveaus des G-BA beiträgt, erscheint zweifelhaft. Unmittelbar erhält der G-BA zunächst einmal nur den Charakter einer Mischform aus Staatsverwaltung und Selbstverwaltung. Notwendig wird damit die bisher überwiegend aus den Aspekten funktionaler Selbstverwaltung hergeleitete Legitimation durch das Widerspruchsrecht des Gesundheitsausschusses geschmälert (zutreffend insoweit Stellungnahme GKV-Spitzenverband zum GKV-VStG – Ausschuss-Drs. 17(14)0188(59).1, 97). Erhielt das BMG nach vormaliger Rechtslage ein eigenes Berufungsrecht nur im Falle einer Nichteinigung der Trägerorganisationen über die Unparteiischen, so nun auch bei einem Widerspruch des Gesundheitsausschusses, ohne dass es, wie vordem noch, auf eine Stellungnahme der Trägerorganisationen (Benehmen) ankäme. Unabhängig davon ist die gewählte Legitimationskonstruktion auch der Sache nach wenig sachdienlich. Ein parlamentarisches Gremium, dessen eigentliche Aufgabe die vorbereitende Beschlussempfehlung für den BT ist (§ 62 Abs. S. 2 GO-BT), wird als präventiv-überwachendes Verwaltungsorgan, also als Behörde (§ 1 Abs. 2 SGB X) funktionalisiert, welches in die den Kern jeder Selbstverwaltung betreffende Personalauswahl eingreifen kann. Dem Gesetzgeber ist eine solche Aufgabenzuordnung wohl nicht grundsätzlich untersagt (vgl. § 62 Abs. 1 S. 4 GO-BT), wenn auch ein Spannungsverhältnis zur Gewaltenteilung nicht zu verkennen ist. Das Parlament ist auch ansonsten mit Personalentscheidungen von Behördenleitern befasst, insbes. bei den Beauftragten nach § 22 BDSG, § 35 Abs. 2 StUG oder § 13 WehrbeauftrG. Allerdings bestehen zu diesen Fällen erhebliche Unterschiede. Dort geht es um Beauftragte als

Leiter einer, wenn auch mit Unabhängigkeitsgarantien ausgestatteten, Behörde der unmittelbaren Staatsverwaltung, deren bereits vorhandene personelle Legitimation gestärkt werden soll. Vorliegend aber geht es um einen staatlich-parlamentarischen Einfluss auf die wichtigsten Personalentscheidungen eines Selbstverwaltungsorgans, was jedenfalls nach den herkömmlichen Vorstellungen personell-demokratischer Legitimation einen Antagonismus darstellt.

Hinzu kommt, dass das Widerspruchsrecht des Gesundheitsausschuss allein an die Kriterien der Unabhängigkeit und Unparteilichkeit gebunden ist; über die persönliche und fachliche Eignung hat der Ausschuss gerade nicht zu befinden. Unabhängig davon, wie die Grenzlinie zu bestimmen ist und ob deren Einhaltung seitens des G-BA rechtsschutzbewehrt eingefordert werden kann, ergibt sich daraus, dass der vom Gesetzgeber des GKV-VStG erhoffte Schub an personell-demokratischer Legitimation, wenn man die „Zwitter-Legitimation" überhaupt akzeptieren will, eher in ein Dilemma führt. Wenn der Gesundheitsausschuss dem § 91 Abs. 2 S. 4 entsprechend eng an den Kriterien der Unabhängigkeit und Unparteilichkeit orientiert agiert, gelangt man der Sache nach zu einer Rechtsaufsicht in Bezug auf ein Eignungskriterium für die unparteiischen Mitglieder des G-BA; hieraus aber folgt – wie auch sonst aus einer Rechtsaufsicht über Selbstverwaltungsorgane – keine zusätzliche demokratische Legitimation. Agiert der Gesundheitsausschuss hingegen entsprechend seiner Grundfunktion als politisch-parlamentarisches Organ eher nach politischen Erwägungen und blickt auch auf die Gesamtqualifikation der vorgeschlagenen Bewerber, so wird in dem Maße, in dem dies geschieht, das Selbstverwaltungspotential des vorschlagenden G-BA delegitimiert.

Die Konstruktion der „Zwitter-Legitimation" der Unparteiischen erscheint mithin insgesamt wenig überzeugend und kann auch zu sachlichen Problemen bei der Findung qualifizierten Personals führen. Der Personenkreis, der für die anspruchsvolle hauptamtliche Stellung als Unparteiischer im G-BA aus fachlicher Sicht in Betracht kommt, wird sich vorwiegend in den Bereichen der Trägerorganisationen und der in der ärztlichen Versorgung Tätigen finden. Dieser Kreis ist jedoch bereits durch die formelle Neutralitätsregelung des § 91 Abs. 2 S. 3 (keine Tätigkeit in diesen Bereichen im letzten Jahr) weitgehend ausgeschlossen. Soll die zusätzliche Überwachung der Neutralität der Unparteiischen durch den Gesundheitsausschuss eigenständigen Sinn haben, so müssen die Anforderungen an die Unabhängigkeit und Unparteilichkeit iSd. Abs. 2 S. 5 aber darüber hinausgehen. Sieht der Ausschuss demnach die Neutralität etwa bei auch für die Pharmaindustrie forschenden Wissenschaftlern, Vertretern der Ärztekammern, Verwaltungsleitern von Klinikketten etc. als nicht gewährleistet an, würde der zur Verfügung stehende Personenkreis erheblich schrumpfen; er verkleinert sich wohl auch deshalb weiter, weil sich nur wenige Qualifizierte bereitfinden werden, für eine sechsjährige Amtsperiode ohne Verlängerungsmöglichkeit (Abs. 2 S. 16) aus beruflichen Strukturen auszusteigen. Insofern besteht durchaus die Gefahr, dass es im Verlauf des Findungsprozesses der unparteiischen G-BA-Mitglieder zwischen G-BA und Gesundheitsausschuss zu politischen Kompromissen zulasten der Qualifikation kommen kann (vgl. den Hinweis des GKV-Spitzenverbandes, Ausschuss-Drs. 17 (14)0188(59).1, 96)."[30]

Die Kritik macht deutlich, dass die Einbeziehung des Bundestagsausschusses nicht schlüssig im Sinne einer Stärkung der personellen demokratischen Legitimation verstanden bzw. gedeutet werden kann, wie es den Gesetzesbegründungen zu

---

[30] *Schmidt-De Caluwe*, in: Becker/Kingreen, § 91, Rn. 16 ff.

entnehmen ist. Vielmehr kann es nur darum gehen, die für eine Einrichtung der Selbstverwaltung typische eigenständige Bestellung des Leitungspersonals zu unterstützen und zwar im Sinne einer externen Kontrolle, die garantiert, dass die gesetzlichen Vorgaben für die Personalauswahl eingehalten werden. Damit ist ein weiterer Bereich des Legitimationsmodells des Gemeinsamen Bundesausschusses identifiziert, der eine vertiefende Betrachtung verlangt.

4. Bislang keine explizite Stellungnahme des Bundesverfassungsgerichts

Fragen der ausreichenden demokratischen Legitimation sind in letzter Instanz Sache des Bundesverfassungsgerichts. Diese war zwar in der Vergangenheit mehrfach mit der Überprüfung von fachgerichtlichen Entscheidungen des Bundessozialgerichts, bei denen auch über die ausreichende demokratische Legitimation des Gemeinsamen Bundesausschusses gestritten wurde. Eine Entscheidungserheblichkeit der Frage hat das Bundesverfassungsgericht aber bislang nicht angenommen.

So hat das Bundesverfassungsgericht auch in seiner Entscheidung zur Reichweite der Leistungspflicht der gesetzlichen Krankenversicherung in Fällen seltener und regelmäßig tödlicher Erkrankungen die Frage der demokratischen Legitimation des Gemeinsamen Bundesausschusses mangels Entscheidungserheblichkeit offen gelassen:

> „Das BVerfG hat ... keinen Anlass zu prüfen, ob die Rechtsprechung des BSG zur demokratischen Legitimation der Bundesausschüsse und des Gemeinsamen Bundesausschusses und zur rechtlichen Qualität der von ihnen erlassenen Richtlinien als außenwirksamen untergesetzlichen Rechtsätzen (vgl. dazu BSGE 78, 70 [74 ff.]; 81, 54 [59 ff.]; 81,73 [76 ff.]) mit dem Grundgesetz in Einklang steht (siehe dazu aus dem umfangreichen Schrifttum Axer, Normsetzung der Exekutive in der Sozialversicherung, 2000, S. 119 ff., 153 ff.; Hänlein, Rechtsquellen im Sozialversicherungsrecht, 2001, S. 454 ff.; Schnapp, in: von Wulffen/Krasney [Hrsg.], Festschrift 50 Jahre Bundessozialgericht, 2004, S. 497 ff.; Hase, MedR 2005, S. 391; Rixen, Sozialrecht als öffentliches Wirtschaftsrecht, 2005, S. 176 ff., jeweils m.w.N.).“[31]

Dieser Befund ist aber nicht damit gleichzusetzen, dass sich aus der Rechtsprechung des Bundesverfassungsgerichts keine gewichtigen Orientierungen für die Beurteilung des Gemeinsamen Bundesausschusses ableiten lassen. Heranzuziehen ist vielmehr die in den letzten Jahren deutlich ausdifferenzierte Rechtsprechung zu verschiedenen anderen Erscheinungsformen der funktionalen Selbstverwaltung.

---

[31] BVerfGE 115, 25 (47).

5. Allgemeine Aussagen zur funktionalen Selbstverwaltung in der Rechtsprechung des Bundesverfassungsgerichts

Diese Rechtsprechung des Bundesverfassungsgerichts und die gleichgerichteten Stimmen in der wissenschaftlichen Literatur[32] gehen davon aus, dass aus dem demokratischen Prinzip des Grundgesetzes keine Festlegung auf „einen“ einzigen Legitimationsmodus ableitbar ist und dass auch im Bereich der personellen demokratischen Legitimation Gestaltungsspielräume bestehen, die der Gesetzgeber vor allem im Bereich der Selbstverwaltung für die Etablierung anderer Formen personeller Legitimation nutzen kann. Besonders deutlich kommt die damit verbundene Position in der folgenden Formulierung des Bundesverfassungsgerichts zum Ausdruck:

> „Außerhalb der unmittelbaren Staatsverwaltung und der in ihrem sachlich-gegenständlichen Aufgabenbereich nicht beschränkten gemeindlichen Selbstverwaltung ist das Demokratiegebot offen für andere, insbesondere vom Erfordernis lückenloser personeller demokratischer Legitimation aller Entscheidungsbefugten abweichende Formen der Organisation und Ausübung von Staatsgewalt. Eine solche Interpretation des Art. 20 Abs. 2 GG ermöglicht es zudem, die im demokratischen Prinzip wurzelnden Grundsätze der Selbstverwaltung und der Autonomie (vgl. BVerfGE 33, 125 [159]) angemessen zur Geltung zu bringen. Im Rahmen der repräsentativ verfassten Volksherrschaft erlaubt das Grundgesetz auch besondere Formen der Beteiligung von Betroffenen bei der Wahrnehmung öffentlicher Aufgaben.“[33]

Damit wird klargestellt, dass der Gesetzgeber berechtigt ist, weitere Modelle der Vermittlung auch personeller demokratischer Legitimation zu etablieren, soweit eine ausreichende Letztverantwortung des Volkes durch den parlamentarischen Gesetzgeber für diese Gestaltungsvariante gewahrt wird. Dazu führt das Bundesverfassungsgericht aus:

> „Das erfordert, dass die Aufgaben und Handlungsbefugnisse der Organe in einem von der Volksvertretung beschlossenen Gesetz ausreichend vorherbestimmt sind und ihre Wahrnehmung der Aufsicht personell demokratisch legitimierter Amtswalter unterliegt (vgl. Dreier, Hierarchische Verwaltung im demokratischen Staat, 1991, S. 285 ff.; Emde, Die demokratische Legitimation der funktionalen Selbstverwaltung, 1991, S. 331; Britz, VerwArch. 91 [2000], S. 418 [433 ff.]).“[34]

Es werden zudem Rahmenbedingungen für die Wahl der Organisationsform funktionale Selbstverwaltung aufgezeigt:

> „Die Auswahl der auf Organisationseinheiten der Selbstverwaltung zu übertragenden Aufgaben und die Regelung der Strukturen und Entscheidungsprozesse, in denen diese

---

[32] Dazu im Überblick *Zimmermann*, S. 107 ff. m.w.N. und *Hauck*, NZS 2010, 600. Zu Einzelheiten später im Text.

[33] BVerfGE 107, 59 (94).

[34] BVerfGE 107, 59 (94).

bewältigt werden, stehen weitgehend im Ermessen des Gesetzgebers (vgl. BVerfGE 10, 89 [102, 104]; s. auch BVerfGE 37, 1 [26]). Es wird sich überwiegend um überschaubare Aufgabenbereiche handeln, bei denen die Erledigung durch Organisationseinheiten der Selbstverwaltung historisch überkommen ist und sich traditionell bewährt hat. Von einer Übertragung ausgeschlossen sind diejenigen öffentlichen Aufgaben, die der Staat selbst durch seine eigenen Behörden als Staatsaufgaben im engeren Sinne wahrnehmen muss (vgl. BVerfGE 38, 281 [299]).“[35]

Der Entscheidung des Gesetzgebers für die Selbstverwaltung kommt neben der demokratischen Binnenlegitimation des Selbstverwaltungsorgans demnach die entscheidende Bedeutung bei der Verwirklichung der Selbstverwaltung zu. Er muss für die Selbstverwaltung geeignete Aufgaben auswählen und eine Organisationsform bestimmen, in der die mit der Selbstverwaltung verfolgten Ziele, insbesondere durch eine angemessene Organstruktur, wirksam umgesetzt und die zugewiesenen Entscheidungsbefugnisse hinreichend bestimmt durch das Parlamentsgesetz vorgezeichnet sind.

6. Zwischenergebnis

Der Blick auf die rechtswissenschaftlichen Kontroversen über die verfassungsrechtliche Legitimation des Gemeinsamen Bundesausschusses lässt erkennen, dass der Kern der Diskussion in der Gestaltungsfreiheit und -weite des Gesetzgebers im Bereich der demokratischen Legitimation liegt. Autoren, die hier nur eine über Regierung und Parlament auf das Staatsvolk rückführbare Legitimationskette ausreichen lassen, können Selbstverwaltungsträger nur als demokratisch defizitäre Verwaltungsform über Ausnahmetatbestände rechtfertigen. Demgegenüber geht die Rechtsprechung des Bundesverfassungsgerichts durchgehend von einem Gestaltungsermessen des Gesetzgebers aus, das eine von dem im Bereich der Ministerialverwaltung verwirklichten Modell abweichende Gestaltung zulässt. Eine solche abweichende Ausgestaltung der (auch personellen) demokratischen Legitimation ist aber vom Nachweis besonderer „Gründe“ in Gestalt „selbstverwaltungstauglicher Aufgaben“ abhängig und verlangt eine gesetzliche Steuerung der wesentlichen Entscheidungsbefugnisse und Strukturen der Organisation.

Funktionale Selbstverwaltung wird damit verfassungsrechtlich nicht beliebig zugelassen, sondern auf Aufgabenbereiche beschränkt, in denen die Ratio der Selbstverwaltung, auf die im weiteren Verlauf der Untersuchung näher einzugehen sein wird, gute und tragfähige Gründe für die Wahl dieser Organisationsform liefert. Zugleich muss der Gesetzgeber in diesen Fällen die internen Legitimationsverfahren und die Entscheidungsbefugnisse der Selbstverwaltungsträger hinreichend genau regeln.

---

[35] BVerfGE 107, 59 (93).

II. Das anlassgebende Verfassungsbeschwerdeverfahren vor dem Bundesverfassungsgericht

In dem Verfassungsbeschwerdeverfahren, das den Anlass für die Erstattung des Gutachtens gegeben hat, stehen Fragen des materiellen Rechts der Krankenversorgung im Vordergrund. Die Frage nach der verfassungsrechtlichen Legitimation des Gemeinsamen Bundesausschusses ist jedoch insoweit tangiert, als es auch um die Anwendung einer Richtlinie geht, die er erlassen hat.

Da für die in diesem Gutachten zu klärenden Fragen über diesen Anlass hinaus kein relevanter sachlicher und argumentativer Zusammenhang zu dem zugrundeliegenden Klagebegehren besteht, kann auf eine genauere Darstellung der einfachrechtlichen Aspekte verzichtet und die Frage der Verfassungsmäßigkeit des Gemeinsamen Bundesausschusses und seiner Entscheidungen gesondert behandelt werden.

B. Die Fragestellungen der Untersuchung

Die Untersuchung widmet sich vor diesem Hintergrund der Frage, ob die gesetzlichen Regelungen zum Gemeinsamen Bundesausschuss, d. h. zu seiner Organisation und „Bildung", seinem Verfahren sowie seinen Entscheidungen den verfassungsrechtlichen Anforderungen, so wie sie vor allem durch die jüngere Rechtsprechung des Bundesverfassungsgerichts für den Bereich der funktionalen Selbstverwaltung konkretisiert worden sind, entsprechen. Da im Rahmen einer rechtswissenschaftlichen Untersuchung zwingend auch die kritischen Stimmen der wissenschaftlichen Literatur zu berücksichtigen sind, muss mit der Untersuchung zugleich die Tragfähigkeit der vom Bundesverfassungsgericht etablierten Rechtsprechungslinie überprüft werden.

Insbesondere stehen zwei Themenkreise im Vordergrund der Aufmerksamkeit:

Erstens die Vorgaben des demokratischen Prinzips für die Organisation der Verwaltung in Fällen der Errichtung von Trägern funktionaler Selbstverwaltung im Allgemeinen und des Gemeinsamen Bundesausschusses im Besonderen. In einem ersten Schritt ist dabei zu erläutern, unter welchen Voraussetzungen der Gesetzgeber von dem für den Bereich der unmittelbaren Staatsverwaltung entwickelten Postulat einer auf das Staatsvolk zurückführbaren ununterbrochenen Kette von Akten personeller demokratischer Legitimation abweichen und Trägern funktionaler Selbstverwaltung ein eigenständiges Bestimmungsrecht in Bezug auf ihre Leitungsorgane einräumen darf. Speziell geht es dabei zudem um die Frage, ob eine solche „interne" Bestellung notwendigerweise auf die Mitglieder der Selbstverwaltungsträger zurückgeführt werden muss, oder ob auch eine Bestimmung durch unterschiedlich verfasste Organisationen erfolgen kann, wie es beim Gemeinsamen Bundesausschuss der Fall ist. Schließlich ist in diesem Zusammenhang genauer herauszuarbeiten, welche Gründe den Gesetzgeber bei der Wahl dieser Organisationsform geleitet haben und ob diese einen hinreichenden Rechtfertigungsgrund für die Wahl des Selbstverwaltungsmodells darstellen.

An diese Überlegungen knüpft zweitens die Überprüfung der gesetzlichen Grundlagen für das Handeln des Gemeinsamen Bundesausschusses auf ihre hinreichende Bestimmtheit an. Da die Anforderungen an die Bestimmtheit der gesetzlichen Ermächtigung für die exekutivische Normsetzung sowohl vom Niveau der demokratischen Legitimation abhängt, das zunächst bestimmt wurde, als auch von der Grundrechtsrelevanz der getroffenen Entscheidungen bzw. erlassenen Normen, sind in diesem Teil der Untersuchung insbesondere diese beiden Gesichtspunkte einer ergänzenden Analyse zu unterziehen.

Die Erkenntnisse aus beiden Teilen bilden schließlich die Grundlage für eine abschließende Gesamtwürdigung der verfassungsrechtlichen Legitimation des Gemeinsamen Bundesausschusses.

C. Übersicht zum Gang der Untersuchung im Einzelnen

Die vorstehend umschriebenen Fragen werden im Rahmen des folgenden Gedanken- und Argumentationsgangs behandelt:

Im ersten Schritt wird eine vorläufige organisationsrechtliche Verortung des Gemeinsamen Bundesausschusses vorgenommen. Dabei wird vor allem seine Stellung als Selbstverwaltungsträger herausgestellt und als Anknüpfungspunkt den weiteren Überlegungen zugrunde gelegt.

Der zweite Schritt der Untersuchung unternimmt den Versuch, die einzelnen Funktionen des Gemeinsamen Bundesausschusses herauszuarbeiten, wobei als übergeordnetes System neben dem Staat insgesamt vor allem die gesetzliche Krankenversicherung und die ihr anvertraute Versorgung der Versicherten mit qualitätsvollen Gesundheitsdienstleistungen verstanden wird. Als voneinander zu unterscheidende, zugleich aber komplementäre Funktionen werden die Selbstverwaltungsfunktion, die damit verbundene Aufgabe als Rechtsetzungsorgan sowie als neue Akzentuierung die Aufgaben des Gemeinsamen Bundesausschusses als Regulierungsbehörde herausgearbeitet. Zudem wird als gemeinsames Merkmal aller dieser Funktionen die Ausrichtung der Organisation auf die Ermöglichung einer qualitätsvollen Wissensgenerierung aufgezeigt.

Auf der Grundlage dieser neue Akzente setzenden Charakterisierung des Gemeinsamen Bundesausschusses wird im dritten Schritt seine demokratische Legitimation einer gründlichen Prüfung unterzogen. Zu diesem Zweck muss zunächst die Entwicklung der Rechtsprechung des Bundesverfassungsgerichts vor allem in der Zeit nach 2001 genau nachgezeichnet und analysiert werden, da in diesem Zeitraum durch mehrere Entscheidungen das dogmatische Gerüst zur demokratischen Legitimation der funktionalen Selbstverwaltung weiter ausgebaut wurde. Diese Entwicklung wird bei gleichzeitiger Untersuchung der ebenfalls in Entwicklung begriffenen wissenschaftlichen Literatur in allen Einzelheiten vorgestellt und kommentiert, bevor nach der Bestimmung des eigenen Standpunktes die Anwendung auf den Gemeinsamen Bundesausschuss erfolgt.

Das Ergebnis der ersten drei Abschnitte des zweiten Teils, die Feststellung eines bestimmten Niveaus demokratischer Legitimation, muss sodann im vierten Abschnitt durch eine Untersuchung der Bestimmtheitsanforderungen an die gesetzliche Ermächtigung zum Erlass von Richtlinien ergänzt werden, weil es – auch nach der Rechtsprechung des Bundesverfassungsgerichts – maßgeblich auf die Gesamtlegitimation ankommt.

D. Zusammenfassende Thesen

Die wesentlichen Ergebnisse der Untersuchung können in den folgenden Thesen zusammengefasst werden:

1. Der Gemeinsame Bundesausschuss knüpft institutionell und funktionell trotz zahlreicher Veränderungen in den Details historisch an eine lange, bis zum Beginn des 20. Jahrhunderts zurückführbare Tradition der Gemeinsamen Selbstverwaltung im Bereich der gesetzlichen Krankenversicherung an, die auch die Befugnis zur verbindlichen Normsetzung einschließt.

2. Der den Gemeinsamen Bundesausschuss prägende formale Status als Selbstverwaltungsträger, der seine substanzielle Gestaltungsfreiheit bei der Normsetzung auf der Basis der gesetzlichen Aufgabenzuweisungen begründet, muss den Anforderungen entsprechen, die das Bundesverfassungsgericht für die gesetzliche Ausgestaltung von Legitimationsformen entwickelt hat, die vom Standardmodell der ununterbrochenen Legitimationsketten (in der Ministerialverwaltung) abweichen. Man kann insoweit von einer verfassungsrechtlichen Rechtfertigungslast sprechen, die der Gesetzgeber zu „erfüllen“ hat.

3. Der Rechtfertigung der Organisationsentscheidung muss die Bestimmung der tragenden Gründe vorausgehen, die den Gesetzgeber in und zu seiner Entscheidung bestimmt haben. Diese können unter Bezugnahme auf die wesentlichen Systemfunktionen herausgearbeitet werden, die den Gemeinsamen Bundesausschuss funktional prägen. Es können im Einzelnen drei Systemfunktionen aufgezeigt und unterschieden werden, die in enger Komplementarität zueinander stehen:

a) Mit der Entscheidung für die Selbstverwaltung aktiviert und „nutzt“ der Gesetzgeber mehrere Eigenschaften, die mit dieser Organisationsform verbunden sind. Im Vordergrund steht dabei die „Nutzung“ des in den zur Partizipation ermächtigten Personen oder Organisationen vorhandenen besonderen Sachverstandes zur Erfüllung einer staatlichen Aufgabe mit dem Ziel, dadurch die Qualität der Wissensgenerierung und Entscheidung zu verbessern und die Akzeptanz zu erhöhen. Hinzu kommt im Falle des Gemeinsamen Bundesausschusses die Ermöglichung eines Ausgleichs der Interessen zwischen den Trägerorganisationen.

b) Indem die durch die Selbstverwaltungsfunktion aktivierten Funktionen zur abstrakt-generellen Normsetzung (Richtlinien) genutzt werden, wird der parlamentarische Gesetzgeber entlastet, zugleich aber eine allgemeine Geltung der getroffenen Entscheidungen im gesamten System gewährleistet und dadurch grundlegende Gleichheit im Bereich der Gesundheitsdienstleistungen abgesichert.

c) Neben diesen „klassischen" Funktionen als Selbstverwaltungsträger können dem Gemeinsamen Bundesausschuss auch Teilfunktionen einer Regulierungsbehörde zugeschrieben werden. Dies hängt damit zusammen, dass die durch den Richtlinienerlass umgesetzten Funktionen der Qualitätssicherung und Wirtschaftlichkeitsgewährleistung den fehlenden oder beschränkten Wettbewerb im Gesundheitswesen substituieren und damit Funktionen erfüllen, die typisch für Regulierungsbehörden sind.

4. Als gemeinsames Merkmal der einzelnen Funktionen kann die qualitätsvolle Wissensgenerierung in Bezug auf die Steuerung eines besonders komplexen Dienstleistungsbereichs angesehen werden. Dabei dient die gewählte Organisationsform der Verwirklichung dieser materiellen Zielsetzung.

5. Vor dem Hintergrund der organisatorischen Grundentscheidung des Gesetzgebers kann gezeigt werden, dass die Anforderungen an die demokratische Legitimation, wie sie in der neueren Rechtsprechung des Bundesverfassungsgerichts spezifisch für Träger funktionaler Selbstverwaltung herausgearbeitet wurden, erfüllt sind. Dies gilt zunächst für die grundsätzliche Zulässigkeit der Etablierung von Selbstverwaltung für den erfassten Aufgabenbereich:

a) Auch wenn die Zuständigkeit des Gemeinsamen Bundesausschusses für den Erlass von Richtlinien ein weites Spektrum abdeckt, handelt es sich im Rechtssinne um einen „überschaubaren" Aufgabenbereich, da die erfassten Gesundheitsdienstleistungen deutlich von anderen Aufgabenbereichen abgegrenzt sind und ein sachlich zusammenhängendes Themenfeld bilden. Das wird auch dadurch untermauert, dass dieses Rechtsgebiet seit seiner Einführung seine Grundstrukturen nur wenig verändert hat.

b) Die Aufgabenerfüllung durch einen Träger funktionaler Selbstverwaltung hat sich im Bereich der sozialen Selbstverwaltung im Allgemeinen und durch den Gemeinsamen Bundesausschuss als Instrument der Gemeinsamen Selbstverwaltung auch historisch bewährt. Es sind insbesondere keine grundlegenden Funktionsdefizite bekannt, die zu einer gegenteiligen Bewertung führen. Diese Einschätzung wird auch durch die Absicherung der sozialen Selbstverwaltung in Art. 87 Abs. 2, 3 GG untermauert, aus der eine verfassungsrechtliche Anerkennung dieser Organisationsform folgt.

c) Schließlich liegen auch keine Anhaltspunkte für eine zwingende Zuständigkeit der unmittelbaren Staatsverwaltung für die zugewiesenen Aufgaben vor.

Damit liegen die grundsätzlichen Voraussetzungen für die Etablierung funktionaler Selbstverwaltung in Bezug auf den Gemeinsamen Bundesausschuss vor.

6. Der Gemeinsame Bundesausschuss erfüllt zudem die Anforderungen, die das Bundesverfassungsgericht in Bezug auf die demokratische Legitimation und die Binnenverfassung für diesen Selbstverwaltungstyp entwickelt hat. Innerhalb seiner Typologie erwähnt das Bundesverfassungsgericht die Eröffnung (zusätzlicher) Partizipationsmöglichkeiten (zur besseren Wissensgenerierung) und die Ermöglichung eines Interessenausgleichs als besondere Systemfunktion der funktionalen Selbstverwaltung.

7. Der Gesetzgeber knüpft bei der Errichtung des Gemeinsamen Bundesausschusses als Selbstverwaltungsorganisation direkt an die thematische Betroffenheit und das spezifische Wissen der Trägerorganisationen an. Diese und nicht ihre Mitglieder sind deshalb auch die Bezugspunkte für die Etablierung von Partizipation im Sinne des Selbstverwaltungsgedankens.

8. Der Gesetzgeber war und ist nicht verpflichtet, die Versicherten als weiteren Träger zu „organisieren". Die Versicherten sind in den gesetzlichen Krankenversicherungen mitrepräsentiert. Für eine eigenständige Organisation der Versicherten, die über eine Verbandsrepräsentation hinausgeht, fehlt es zudem an tragfähigen Anknüpfungsmerkmalen.

9. Die Idee der funktionalen Selbstverwaltung wird im Gemeinsamen Bundesausschuss zur Ermöglichung einer qualifizierten Wissensgenerierung zum Zweck der Normsetzung mit gleichzeitiger Verwirklichung eines fachlichen Interessenausgleichs verwirklicht.

a) Die Ermöglichung einer qualifizierten Wissensgenerierung ist – wie gezeigt – ein grundlegendes Merkmal der wirtschaftlichen, beruflichen und wissenschaftlichen (funktionalen) Selbstverwaltung.

b) Durch die neueren Vorgaben zu den unparteiischen Mitgliedern des Beschlussorgans wird der Charakter des Interessenausgleichs verdeutlicht, indem die Absicherung unabhängiger Sachlichkeit gestärkt und damit die Gemeinwohlbindung verbessert wird.

c) Durch die Zusammenarbeit des Gemeinsamen Bundesausschusses mit IQWIG und IQTiG wurden die institutionellen Voraussetzungen für die Wissensgenerierung weiter verbessert.

10. Die gesetzlichen Regelungen, aus denen sich die einzelnen Ermächtigungen des Gemeinsamen Bundesausschusses zum Erlass von Richtlinien ergeben, genügen den verfassungsrechtlichen Bestimmtheitsanforderungen.

a) Die Rechtsetzungsdelegation erfolgt neben § 92 SGB V durch zahlreiche weitere Einzelnormen des SGB V, aus denen sich sowohl die zugehörigen Aufgabenfelder als auch die Zielsetzungen und Grenzen der Normsetzung hinreichend bestimmt ableiten lassen.

b) Die Normsetzungsbefugnisse beziehen sich durchweg auf die nähere Ausgestaltung der gesetzlichen Leistungen nach dem SGB V und betreffen damit nicht die Grundfragen der Gesundheitsversorgung.

c) Durch die Zuständigkeitsverlagerung auf die Krankenkassen für besondere Leistungen in § 2 Abs. 1a SGB V ist ein wichtiger Bereich besonders intensiver Grundrechtseingriffe nur zum Zweck der Vereinheitlichung Gegenstand der Normsetzung des Gemeinsamen Bundesausschusses. Die zuvor bestehende Ausschlusswirkung vom Leistungsanspruch wurde aufgehoben bzw. relativiert.

d) Soweit die Richtlinien die Leistungserbringer und ihr Handeln steuern, liegen Berufsausübungsregelungen vor, die eine geringe Eingriffsintensität aufweisen.

e) Bei den Anforderungen an die Bestimmtheit ist der Zweck der Einräumung des Selbstverwaltungsrechts zu beachten.

Durch die – intensiv praktizierte – gerichtliche Kontrolle der Normsetzungstätigkeit des Gemeinsamen Bundesausschusses wird eine ergänzende Legitimationswirkung erzeugt.

Zweiter Teil

Der Gemeinsame Bundesausschuss auf dem Prüfstand des Verfassungsrechts

A. Zur organisationsrechtlichen Verortung des Gemeinsamen Bundesausschusses

I. Was der Gemeinsame Bundesausschuss nicht ist

Der Gemeinsame Bundesausschuss wird in der Kommentarliteratur gerne als Organisationsform *sui generis* bezeichnet.[1] Zur Begründung wird angeführt, dass eine überzeugende Zuordnung zu einer der geläufigen Organisationsrechtformen des öffentlichen Rechts (d. h. Körperschaft, Anstalt oder Stiftung des öffentlichen Rechts) nicht möglich sei. Diese Feststellung betrifft zwar in erster Linie die Qualifikation der Organisationsrechtsform, kann in der Sache aber auch *grundsätzlich* auf das Aufgabenprofil des Gemeinsamen Bundesausschusses bezogen werden, denn er stellt auch im Bereich der Träger funktionaler Selbstverwaltung jedenfalls auf den ersten Blick eine atypische Organisationsform dar. Es erscheint deshalb sinnvoll, in einem ersten Schritt herauszuarbeiten, was der Gemeinsame Bundesausschuss (organisationsrechtlich) *nicht* ist, bevor eine positive Einordnung in Angriff genommen wird.[2]

1. Keine Organstellung des Gemeinsamen Bundesausschusses

Da unter der Bezeichnung „Ausschuss" in der Regel (Kollegial-) Organe oder (noch häufiger) Unterorgane von Organisationen firmieren, ist zunächst klarzustellen, dass der Gemeinsame Bundesausschuss kein Organ eines anderen Rechtsträgers ist, sondern eine eigene und eigenständige juristische Person des öffentlichen Rechts. Sein Organ ist gem. § 91 Abs. 2 S. 1 SGB V das „Beschlussgremium", das sich seinerseits verschiedener Unterausschüsse als mit Vorbereitungsaufgaben betraute Unterorgane bedient.

Der Gemeinsame Bundesausschuss ist deshalb auch kein gemeinsames Organ und erst recht kein Spitzen- oder Dachverband der in § 91 Abs. 1 SGB V angeführten

---

[1] Siehe nur *Schmidt-De Caluwe*, in: Becker/Kingreen, § 91, Rn. 10 m.w.N.

[2] Jede Begriffsbildung ist durch die Abgrenzung von anderen Erscheinungsformen und positive Inhaltsbestimmung geprägt – lateinisch „clare et distincte".

Trägerorganisationen, die ihrerseits teilweise als Dachorganisation von auf Landesebene organisierten Organisationen auf Bundesebene fungieren.

2. Keine Anstalt des öffentlichen Rechts

Ebenfalls problematisch ist die Ansicht, dass es sich bei dem Gemeinsamen Bundesausschuss um eine Anstalt des öffentlichen Rechts handelt, wie es u. a. das Bundessozialgericht angenommen hat.[3] Die Literatur hat sich überwiegend gegen diese Zuordnung ausgesprochen.[4] Ausschlaggebend ist insoweit indes noch nicht, dass der Gemeinsame Bundesausschuss keine Benutzer kennt, denn auch viele andere Anstalten des öffentlichen Rechts sind nicht (nur) für Benutzer errichtet worden.[5] Entscheidend ist vielmehr, dass es an einer anstaltstypischen Trägerschaft fehlt. Durch Anstalten des öffentlichen Rechts werden in der Regel Aufgaben der Träger erfüllt, wobei den Trägern maßgeblicher Einfluss auf das Ob der Errichtung, die nähere Ausgestaltung der Organisation sowie die Aufgabenwahrnehmung[6] und Finanzierung zukommt.[7]

In Bezug auf den Gemeinsamen Bundesausschuss konzentriert sich das Gestaltungsrecht der Trägerorganisationen auf die Benennung der Mitglieder des Beschlussgremiums sowie weiterer Organisationseinheiten wie z. B. der Unterausschüsse. Insoweit besteht zunächst eine Parallele zum Anstaltsrecht. Dabei unterliegt die Bestellung der drei unparteiischen Mitglieder zusätzlichen verfahrensrechtlichen und inhaltlichen Anforderungen, die für eine Anstalt untypisch sind. Vor allem aber besteht keine Befugnis der Trägerorganisationen, in das Entscheidungsgeschehen des Beschlussorgans einzugreifen, während bei Anstalten oft Weisungsmöglichkeiten und Abberufungsrechte vorgesehen sind. Allerdings ist zu beachten, dass der Gesetzgeber an die von der Wissenschaft entwickelte Typenbildung im Bereich der Organisationsformen nicht strikt gebunden ist, was aber zugleich bedeutet, dass entsprechende Einordnungen regelmäßig nicht mit zwingenden konkreten Rechtsfolgen verbunden sind.[8] Letztlich dominiert beim Gemeinsamen Bundesausschuss die Erfüllung eigener, ihm originär zugewiesener Aufgaben und nicht die „stellvertretende“ Wahrnehmung von Aufgaben des Trägers bzw. der Träger, wie sie bei Anstalten in der Regel üblich ist. Die Trägerorganisationen des Gemeinsamen Bundesausschusses wirken an der Bestellung des Beschlussorgans und seiner Un-

---

[3] BSGE 78, 70 (80 f.).

[4] *Schmidt-De Caluwe*, in: Becker/Kingreen, § 91, Rn. 10; *Zimmermann*, S. 68 ff.

[5] So das Argument von *Schmidt-De Caluwe*, in: Becker/Kingreen, § 91, Rn. 10.

[6] Hier besteht oft ein Weisungsrecht der Trägerorganisation(en).

[7] Zum „Normalmodell“ der Anstalt des öffentlichen Rechts siehe *Wolff/Bachof/Stober/Kluth*, § 86, Rn. 17 ff.

[8] Deshalb ist es zutreffend, wenn *Hauck*, NZS 2010, 600 (602) darauf hinweist, dass die Zuordnung jedenfalls verfassungsrechtlich ohne Bedeutung ist.

terorgane mit. Diese Funktion erfährt im Rahmen einer körperschaftlichen Verfassung eine schlüssigere Erklärung bzw. Zuordnung.

3. Keine Stiftung des öffentlichen Rechts

Ausgeschlossen werden kann zudem die Einordnung des Gemeinsamen Bundesausschusses als Stiftung des öffentlichen Rechts, da es an einer maßgeblichen Prägung der Organisation durch ein Stiftungsvermögen fehlt.

Auch insoweit ist zwar zu beachten, dass Stiftungen des öffentlichen Rechts nicht dem gleichen, strengen Leitbild folgen, das der Gesetzgeber den privatrechtlichen Stiftungen zugrunde gelegt hat.[9] So hat das Land Niedersachen z. B. für die Hochschulen eine Trägerform in Gestalt einer Stiftung des öffentlichen Rechts eingeführt, obwohl die maßgeblichen Geldmittel weiterhin aus dem Landeshaushalt zugewiesen werden.[10] Das Stiftungsvermögen beschränkt sich auf die Grundstücke bzw. Immobilien sowie weiteres Sachvermögen. Auch in anderen Bereichen werden öffentlich-rechtliche Stiftungen maßgeblich aus Steuergeldern finanziert.[11]

In allen diesen Fällen ist aber ein vergleichsweise konkreter Verwaltungszweck maßgeblich, für den die Nutzung der zugewiesenen Sachmittel (oft historische Gebäude oder Anlagen, Bibliotheken usw.) prägend ist. Dieses Aufgabenmodel ist mit dem weit gefassten Normsetzungsauftrag des Gemeinsamen Bundesausschusses kaum zu vergleichen. Man kann insoweit nicht von einem Stiftungszweck „Normsetzung“ sprechen, ohne dass damit die Grundidee einer Stiftung (noch weiter) verwässert würde.[12]

4. Zwischenergebnis

Als erstes Zwischenergebnis kann damit auf der Grundlage einer Evidenzkontrolle festgehalten werden, dass es sich beim Gemeinsamen Bundesausschuss nicht um ein Organ eines anderen Rechtsträgers und weder um eine Anstalt noch eine Stiftung des öffentlichen Rechts handelt.

---

[9] Zu Einzelheiten *Wolff/Bachof/Stober/Kluth*, § 87, Rn. 9.

[10] Näher *Wolff/Bachof/Stober/Kluth*, § 87, Rn. 26 f.; *Ipsen*, NdsVBl. 2003, 1. Siehe auch *Heintzen/Kruschwitz* (Hrsg.), Die Freie Universität Berlin, 2002.

[11] *Wolff/Bachof/Stober/Kluth*, § 87, Rn. 19 ff. Siehe auch *Gölz*, Der Staat als Stifter, 1999; *Fiedler*, Staatliches Engagement, 2003.

[12] Bei den Hochschulen ist es immerhin gut vorstellbar, die Ermöglichung freier wissenschaftlicher Betätigung als Stiftungszweck zu verstehen. Das zeigt sich auch daran, dass einige private Hochschulen durch (privatrechtliche) Stiftungen getragen werden. Siehe zu Einzelheiten die Beiträge von *Fehling*, *Kluth* und *Schmidt* in: Kämmerer/Rawert.

II. Positive Verortungen

1. Rechtsfähigkeit und Selbstverwaltungsrecht

Für die weitere positive Bestimmung der organisationsrechtlichen Stellung des Gemeinsamen Bundesausschusses kann zunächst an seine formal-rechtlichen Eigenschaften angeknüpft werden. Diesbezüglich sind die gesetzlich begründete Rechtsfähigkeit (§ 91 Abs. 1 S. 2 SGB V) sowie das ebenfalls gesetzlich durch die Ausgestaltung der Aufsicht als Rechtsaufsicht begründete Selbstverwaltungsrecht (§ 91 Abs. 8 SGB V) die wichtigsten Anknüpfungspunkte.

Aus den beiden Regelungen folgt nicht nur die formale rechtliche Eigenständigkeit des Gemeinsamen Bundesausschusses als Verwaltungsträger des Bundesrechts, sondern vor allem seine Fachweisungsfreiheit in Bezug auf die Aufgabenwahrnehmung. Diese besteht überdies nicht nur im Verhältnis zur Aufsichtsbehörde; alle Mitglieder des Beschlussgremiums sind auch gegenüber den sie bestellenden bzw. vorschlagenden Trägerorganisationen gem. § 91 Abs. 2 S. 13 SGB V weisungsfrei gestellt. Für die unparteiischen Mitglieder folgt dies bereits aus dem Umstand, dass sie formal keiner der Trägerorganisationen zuzuordnen sind.[13]

2. Einordnung als Körperschaft des öffentlichen Rechts

Offen bleibt damit eine mögliche Einordnung als (rechtsfähige) Körperschaft des öffentlichen Rechts. Gegen diese Zuordnung des Gemeinsamen Bundesausschusses wird angeführt, dass es bei ihm an Mitgliedern fehle, die für eine Körperschaft (des öffentlichen Rechts) prägend seien.[14]

In der Tat wird unter einer Körperschaft des öffentlichen Rechts eine Organisation verstanden, die unabhängig vom Wechsel ihrer Mitglieder ihre Identität behält.[15] Das öffentliche Recht verwendet das Konzept der Körperschaft indes sehr weit und offen, teilweise sogar als Oberbegriff für rechtsfähige Organisationsrechtsformen überhaupt.[16] Deshalb führt es in die Irre, wenn nur formal danach gefragt wird, ob ausdrücklich eine Mitgliedschaft gesetzlich ausgewiesen ist. Prägend für die Mitgliedschaft ist das Recht, die Leitungsorgane zu bestimmen, wie es etwa auch in Bund und Ländern durch die Bürger im Wahlakt geschieht. Deshalb kann auch dort von einer Mitgliedschaft ausgegangen werden, wo bestimmten Rechtssubjekten (natürliche oder juristische Personen) ein solches Bestimmungsrecht zugewiesen wird. Dieses Bestimmungsrecht ist Ausdruck der Trägerschaft der Organisation.[17] So

---

[13] *Schmidt-De Caluwe*, in: Becker/Kingreen, § 91, Rn. 39.

[14] Siehe nur *Schmidt-De Caluwe*, in: Becker/Kingreen, § 91, Rn. 10 m.w.N.

[15] *Wolff/Bachof/Stober/Kluth*, § 85, Rn. 5 ff.

[16] Näher dazu *Wolff/Bachof/Stober/Kluth*, § 85, Rn. 6.

[17] *Wolff/Bachof/Stober/Kluth*, § 85, Rn. 9.

sind die Mitglieder einer Hochschule oder Kammer die Träger dieser Organisation und nicht etwa das Bundesland.

Legt man dieses Verständnis zugrunde, so verfügt der Gemeinsame Bundesausschuss in Bezug auf seine vier Trägerorganisationen, denen das Bestimmungsrecht für die Mitglieder des Beschlussgremiums zusteht, in der Sache ebenfalls über eine mitgliedschaftliche Struktur, so dass seine Qualifikation als Körperschaft des öffentlichen Rechts in der Sache zutreffend und auch im Hinblick auf die Begrifflichkeiten unproblematisch ist.

III. Zwischenergebnis zur organisationsrechtlichen Verortung

Auf der Grundlage der vorstehend entwickelten Einzelerkenntnisse kann der Gemeinsame Bundesausschuss organisationsrechtlich durch die folgenden „Merkmale" qualifiziert werden:

In Bezug auf den gesamtstaatlichen Rahmen ist der Gemeinsame Bundesauschuss als bundesunmittelbarer[18] rechtsfähiger Verwaltungsträger mit Selbstverwaltungsrecht zu qualifizieren.

Als Träger und somit auch als „Mitglieder" des Gemeinsamen Bundesausschusses sieht § 91 SGB V die vier wichtigsten Repräsentationsorganisationen der sozialen Selbstverwaltung vor: die Kassenärztlichen Bundesvereinigungen, die Deutsche Krankenhausgesellschaft und den Spitzenverband Bund der Krankenkassen.

Im Hinblick auf die Organisationstypologie ist der Gemeinsame Bundesausschuss vor diesem Hintergrund als rechtsfähige Körperschaft des öffentlichen Rechts zu verorten, wobei auch eine Qualifikation als Organisationsform sui generis für die verfassungsrechtliche Einordnung unschädlich ist.

Im Folgenden gilt es nun, die mit der Wahl dieser Organisationsform verbundenen Systemfunktionen des Gemeinsamen Bundesausschusses herauszuarbeiten, die erkennen lassen, warum der Gesetzgeber sich für diese rechtliche Ausgestaltung entschieden hat.

---

[18] D.h. der Staatsaufsicht durch eine Bundesbehörde unterstehend.

B. Die spezifischen Funktionen des Gemeinsamen Bundesausschusses aus dem Blickwinkel des Verfassungsrechts

I. Der Gemeinsame Bundesausschuss als Selbstverwaltungsorganisation

1. Gesetzliche Verankerung des Selbstverwaltungsrechts

Für die Erfassung der spezifischen Funktionen, die der Gesetzgeber dem Gemeinsamen Bundesausschuss zugewiesen hat, ist zunächst seine rechtliche Stellung im Hinblick auf die Reichweite seiner Entscheidungs- und Gestaltungsbefugnisse relevant. Diesbezüglich ergibt sich aus § 91 Abs. 8 SGB V, der auf die §§ 67, 88 und 89 SGB IV verweist, sowie aus § 94 Abs. 1 SGB V, dass der Gemeinsame Bundesausschuss der Rechtsaufsicht durch das Bundesministerium für Gesundheit untersteht.[19] Damit wird für den Gemeinsamen Bundesausschuss ein Selbstverwaltungsrecht begründet, weil Selbstverwaltung neben der eigenständigen Auswahl des Leitungspersonals[20] inhaltlich durch die fachweisungsfreie Aufgabenwahrnehmung begründet wird.[21]

2. Historische Entwicklung und Ratio des Selbstverwaltungsrechts

Das Selbstverwaltungsrecht des Gemeinsamen Bundesausschusses ist Bestandteil des komplexen Systems der deutschen sozialen Selbstverwaltung, die in ihren Ursprüngen auf Grundentscheidungen im späten 19. Jahrhundert zurückzuführen ist[22] und nach 1949 unter den geänderten verfassungsrechtlichen Rahmenbedingungen neu begründet[23] und auch in ihrer Einbindung in das parlamentarische Regierungssystem des Grundgesetzes schrittweise – nicht zuletzt auf Grund von Vorgaben des Bundesverfassungsgerichts[24] – weiterentwickelt wurde.

---

[19] *Schmidt-De Caluwe*, in: Becker/Kingreen, § 91, Rn. 42.

[20] Dies kommt für die kommunale Selbstverwaltung in Art 28 Abs. 1 S. 2 GG zum Ausdruck und prägt im Übrigen den einfachgesetzlichen Befund zu den Selbstverwaltungsträgern. So wird u. a. in Hochschulen und Kammern das Leitungspersonal durch die jeweiligen Mitglieder bestimmt. Siehe zu Einzelheiten die Übersicht zu den Organisationsstrukturen der verschiedenen Träger funktionaler Selbstverwaltung bei *Kluth*, Funktionale Selbstverwaltung, S. 30 ff. jeweils unter dem Gliederungspunkt „Organe".

[21] Zu diesem „juristischen" Selbstverwaltungsbegriff *Kluth*, Funktionale Selbstverwaltung, S. 19 f. m.w.N.

[22] Siehe näher *Kluth*, Funktionale Selbstverwaltung, S. 189 ff.

[23] *Kluth*, Funktionale Selbstverwaltung, S. 191 f.

[24] Hier ist unter anderem auf die Facharztentscheidung zu verweisen, die die Anforderungen an die parlamentsgesetzliche Ermächtigung konkretisiert hat; BVerfGE 33, 125 ff.

Eine prägnante und in ihrer Argumentation bis heute aufschlussreiche nachvollziehende Darstellung und Deutung dieser Entwicklung findet sich in dem Allgemeinen Teil der Begründung des Gesetzesentwurfs für ein Gesetz über die Regelung der Beziehungen zwischen Ärzten, Zahnärzten und Krankenkassen (Kassenarztrecht) aus dem Jahr 1952.[25] Dort wird unter anderem ausgeführt:

> „Das Kassenarztrecht ist in jahrzehntelanger Entwicklung aus den Interessengegensätzen und dem Interessenausgleich zwischen der Ärzteschaft und den Krankenkassen entstanden. ... Bei der Durchführung ... entbrannten mehrfach heftige Kämpfe ..., die ... im Ergebnis aber beiderseits zu der Erkenntnis führten, dass im Interesse der ärztlichen Versorgung der Versicherten das verständnisvolle Zusammenwirken der Ärzteschaft und der Krankenkassen in einer umfassenden Gemeinschaftsarbeit unerläßlich sei.
>
> Diese Gemeinschaftsarbeit wurde eingeleitet durch das unter Mitwirkung der Reichsregierung zwischen den Spitzenverbänden der Ärzteschaft und der Krankenkassen am 23. Dezember 1913 geschlossene sogenannte „Berliner Abkommen". ... Durch die Verordnung über Ärzte und Krankenkassen vom 30. Oktober 1923 (RGBl. I S. 1051) wurde der wesentliche Inhalt des Berliner Abkommens in die Reichsversicherungsordnung aufgenommen, die gemeinsame Selbstverwaltung der Ärzte und Krankenkassen zu einer gesetzlichen Einrichtung erhoben und mit gesetzlichen Garantien versehen. Dem früheren Zentralausschuß, späteren „Reichsausschuß für Ärzte und Krankenkassen", wurde die Befugnis verliehen, Richtlinien aufzustellen über die Zulassung der Ärzte zur Kassenpraxis, über den allgemeinen Inhalt der Arztverträge, über die kassenärztliche Vergütung und über Maßnahmen gegen übermäßige Inanspruchnahme der Kassenleistungen; ...
>
> Aufbauend auf der Selbstverwaltung der Krankenkassen einerseits und der kassenärztlichen Vereinigungen andererseits wurden die Beziehungen zwischen den Ärzten und den Krankenkassen auf dem Boden der Gleichberechtigung weitgehend der gemeinsamen Selbstverwaltung der Ärzte und Krankenkassen in die Hand gegeben. Diese durch die Initiative und entscheidende Mitwirkung des Reichsarbeitsministeriums geschaffene Regelung hat die Zwistigkeiten zwischen Ärzten und Krankenkassen und ihrer Organisationen beendet, die verständnisvolle Zusammenarbeit nachhaltig gefördert und auf die Dauer gesichert und die schöpferischen Kräfte der Selbstverwaltung dem Wohle der Versicherten dienstbar gemacht."[26]

Bereits diese einführenden Überlegungen lassen erkennen, dass der Gesetzesentwurf die Rahmenbedingungen für eine wirksame und nachhaltige Rechtsverwirklichung im Bereich der Gesundheitsdienstleistungen reflektiert. Die in der Vergangenheit gewonnenen Erfahrungen werden „evaluiert" und zur Grundlage der Konzeption und Begründung der künftigen Regelung herangezogen. Insoweit ist der Text ein Lehrstück für kluge Governance, wie sie von einer „guten Gesetzgebung"[27] erwartet werden kann. Folgende Einzelaspekte sind dabei hervorzuheben:

---

[25] BT-Drs. 1/3904, S. 14 ff. Das Gesetz wurde 1955 verabschiedet. Siehe dazu *Zimmermann*, S. 70.

[26] BR-Drs. 1/3904, S. 14 f.

[27] Zu Grundsätzen guter Gesetzgebung *Kluth*, in: ders./Krings, § 1, Rn. 138 ff.

Indem auf die besondere Bedeutung des „gegenseitigen Verständnisses“ abgestellt wird, trägt der Gesetzgeber dem Umstand Rechnung, dass im Gesundheitswesen dem vertrauensvollen Zusammenwirken nicht nur zwischen Patienten und Ärzten, sondern auch den weiteren Akteuren eine besondere Bedeutung zukommt. Für die freiberufliche Tätigkeit der Ärzte und anderen Heilberufe ist das besondere Vertrauen in den Berufsstand im Leitbild der freien Berufe als konstitutives Element anerkannt.[28] Es kann aber als Systemmerkmal des Gesundheitswesens insgesamt angesehen werden, das für die Gesamtgesellschaft eine Dienstleistung von herausragender Bedeutung erbringt, die durch die Erforderlichkeit eines hohen fachlichen Wissensstandards bei allen Beteiligten geprägt ist.

Gerade dieser Umstand war historisch im 19. Jahrhundert auch ausschlaggebend für die Entscheidung des Gesetzgebers, zentrale Bereiche freiberuflicher Dienstleistungen in ein System der Selbstverwaltung einzubinden, das es dem Staat ermöglicht, das besondere Wissen der beteiligten Berufsgruppen – neben den Ärzten sind hier vor allem die Rechtsanwälte zu nennen, deren Selbstverwaltung ebenfalls in der Mitte des 19. Jahrhunderts begründet wurde[29] – für die Erfüllung seiner Aufgaben in diesem Bereich: die Konkretisierung des Berufsrechts, die Sicherung fachlicher Standards usw., zu nutzen.[30] Die Entwicklung der funktionalen Selbstverwaltung in Deutschland ist so von Beginn an auch durch das Ziel einer möglichst wirksamen und zugleich staatliche Ressourcen schonenden Art und Weise der Aufgabenerfüllung geprägt.[31] Die Entscheidung für die Selbstverwaltung war und ist insoweit maßgeblich durch den Gesichtspunkt einer möglichst effektiven und nachhaltigen Staatsaufgabenerfüllung bestimmt. Bereits an dieser Stelle ist darauf hinzuweisen, dass das damit verfolgte Ziel der „guten Aufgabenerfüllung“ seinerseits im demokratischen Prinzip verankert ist; denn die Herrschaft *des Volkes* ist, wie bereits Abraham Lincoln in seiner „Gettysburg Address“[32] prägnant formuliert hat, auch als

---

[28] Dazu näher *Kluth*, in: ders., Jahrbuch 2006, S. 265 ff.

[29] Siehe *Kluth*, Funktionale Selbstverwaltung, S. 91 ff.

[30] Zu diesem Zusammenhang von Verkammerung und Berufsrecht der freien Berufe vertiefend *Kluth/Goltz*, Kammern, 2004.

[31] Zu Einzelheiten *Kluth*, Funktionale Selbstverwaltung, S. 220 ff. aus dem Blickwinkel der „Entstehungsgründe“ der Selbstverwaltungsträger.

[32] „Vor 87 Jahren gründeten unsere Väter auf diesem Kontinent eine neue Nation, in Freiheit gezeugt und dem Grundsatz geweiht, dass alle Menschen gleich geschaffen sind. Nun stehen wir in einem großen Bürgerkrieg, um zu erproben, ob diese oder jede andere so gezeugte und solchen Grundsätzen geweihte Nation dauerhaft bestehen kann. Wir haben uns auf einem großen Schlachtfeld dieses Krieges versammelt. Wir sind gekommen, einen Teil dieses Feldes jenen als letzte Ruhestätte zu weihen, die hier ihr Leben gaben, damit diese Nation leben möge. … Die Welt wird wenig Notiz davon nehmen, noch sich lange an das erinnern, was wir hier sagen, aber sie kann niemals vergessen, was jene hier taten. Es ist vielmehr an uns, den Lebenden, dem großen Werk geweiht zu werden, das diejenigen, die hier kämpften, so weit und so edelmütig voran gebracht haben. Es ist vielmehr an uns, geweiht zu werden der großen Aufgabe, die noch vor uns liegt – auf dass uns die edlen Toten mit wachsender Hingabe erfüllen für die Sache, der sie das höchste Maß an Hingabe erwiesen haben – auf dass wir hier einen heiligen Eid schwören, dass diese Toten nicht vergebens gefallen sein mögen – auf dass diese Nation, unter

Herrschaft *für das Volk* und damit im Sinne einer möglichst guten Gemeinwohlverwirklichung konzipiert.[33] Diese Dimension des staatlichen Handelns darf vor allem bei der Umsetzung formaler Anforderungen, wie sie im Bereich des Organisationsrechts vielfach anzutreffen sind, nicht aus dem Blick verloren werden.

Hinzuweisen ist in diesem Zusammenhang erneut auf den Umstand, dass die Gemeinsame Selbstverwaltung (in Bezug auf die Vorläuferorganisationen des Gemeinsamen Bundesausschusses) bereits in der Frühphase mit der Aufgabe betraut war, die Wirtschaftlichkeit des Gesundheitswesens abzusichern, indem es zu ihren Aufgaben gehörte, „Maßnahmen gegen übermäßige Inanspruchnahme der Kassenleistungen" zu ergreifen.[34]

Um an dieser Stelle etwaigen Missverständnissen vorzubeugen ist darauf hinzuweisen, dass es dabei nicht um eigenständige Wirtschaftlichkeitsanalysen mit steuernden oder gar rationierenden Effekten[35] ging bzw. geht, sondern darum, die Wirtschaftlichkeit des Gesundheitswesens durch die Absicherung der Beachtung der rechtlichen Vorgaben für die Leistungen der GKV sowie die Verbesserung der Qualität der Leistungen zu erhöhen. Denn zur Wirtschaftlichkeit[36] gehört es auch und vor allem, dass die zur Verfügung stehenden knappen Ressourcen in einem möglichst hohen Maße zweckentsprechend eingesetzt werden. Ganz in diesem Sinne leistet auch die Gründung des Instituts für Qualität und Wirtschaftlichkeit im Gesundheitswesen (IQWiG)[37] durch die Unterstützung der Wissensgenerierung mittelbar einen Beitrag zur Verbesserung der Wirtschaftlichkeit im Gesundheitswesen.

Nach 1933 wurde die zu diesem Zeitpunkt etablierte Struktur zunächst faktisch suspendiert und nach 1945 zunächst nicht wieder etabliert, sondern in den Besatzungszonen unterschiedliche Rechtsregime eingerichtet, die jedoch zu einer Rechtszersplitterung führten.[38] Erst im Jahr 1952 nahm der Bundesgesetzgeber die Aufgabe der Wiederherstellung der Rechtseinheit in Angriff und begründete die grundsätzliche[39] Anknüpfung an die Rechtspraxis vor 1933 mit den folgenden Erwägungen:

Gott, eine Wiedergeburt der Freiheit erleben – und auf *dass die Regierung des Volkes, durch das Volk und für das Volk*, nicht von der Erde verschwinden möge."

[33] Dazu näher *Kluth*, Parlamentarische Gesetzgebung, S. 9ff. Genau an diesen Aspekt knüpft auch das Bundesverfassungsgericht in seiner jüngeren Rechtsprechung zur funktionalen Selbstverwaltung an, wie im weiteren Verlauf der Untersuchung gezeigt wird.

[34] Siehe auch *Zimmermann*, S. 15.

[35] Zu den verschiedenen Ebenen der Rationierung und ihren verfassungsrechtlichen Aspekten näher *Welti*, MedR 2010, 379; *Kluth*, ZEFQ 2008, 204 m.w.N.

[36] Näher zum Wirtschaftlichkeitsprinzip *Kluth*, WiVerw 2014, 270 (283f.).

[37] Rechtsgrundlage in § 139a ff. SGB V. Auf die Arbeit und Bedeutung des IQWiG für den Gemeinsamen Bundesausschuss wird später näher eingegangen.

[38] *Zimmermann*, S. 15.

[39] Ein wichtiger Unterschied bestand (zunächst) darin, dass die Rechtsetzung der Zentralausschüsse keinen verbindlichen Charakter zugewiesen bekam. Die Rechtsverbindlichkeit wurde erst durch spätere Änderungsgesetze begründet.

„Oberster Grundsatz für die Neuregelung des Kassenarztrechts muß die ständige Verbesserung der ärztlichen Versorgung der Versicherten sein, wobei der vorbeugenden Gesundheitspflege besondere Beachtung zu schenken sein wird. Notwendig sind hierfür die Vertiefung des Vertrauensverhältnisses zwischen Arzt und Versicherten und die Förderung enger vertrauensvoller Zusammenarbeit zwischen Arzt und Krankenkassen. Die bisherigen Erfahrungen haben gezeigt, daß die ärztliche Versorgung umso besser und wirkungsvoller ist, je mehr die eigene Verantwortung aller Beteiligten, der Versicherten, der Krankenkassen und ihrer Verbände, der Ärzte und ihrer Vereinigungen geweckt wird. Staatliche Regelungen und staatlicher Zwang können gerade auf diesem Gebiet niemals so fruchtbare Ergebnisse zeitigen wie die Selbstverantwortung der Beteiligten.“[40]

Auch in dieser Passage der Gesetzesbegründung wird ein modernes, die Voraussetzungen wirksamer Steuerung durch Recht beachtendes Verständnis von Gesetzgebung erkennbar, das ein hohes Maß an rechtssoziologischer Aufgeklärtheit impliziert und durchaus mit den heutigen Regelungsphilosophien auf der Ebene der Europäischen Union vergleichbar ist, wie sie im Weißbuch Europäisches Regieren[41] entwickelt wurden und für die dezentrale und bürgernahe Verwaltungsformen zu bevorzugen sind.[42]

Der Regierungsentwurf bleibt aber nicht auf der steuerungswissenschaftlichen Ebene der Betrachtung stehen, sondern reflektiert zugleich auf den verfassungsrechtlichen Rahmen, in dem dieses Modell zu verorten ist:

„Den jahrzehntelangen Erfahrungen und den Grundprinzipien demokratischer Ordnung entsprechend baut der Entwurf zu diesem Zweck die Regelungen der kassenärztlichen Versorgung nach dem Vorbild der Ordnung des Jahres 1931 wiederum auf der gemeinsamen Selbstverantwortung und Selbstverwaltung der Ärzte und der Krankenkassen auf. ... Aufbauend auf der Selbstverwaltung der Krankenkassen einerseits und der Kassenärztlichen Vereinigungen andererseits, wird die Regelung der beiderseitigen Beziehungen auf dem Boden der Gleichberechtigung und der gleichen Verantwortung weitgehend der gemeinsamen Selbstverwaltung der beiden Partner anvertraut und zur Aufgabe gestellt.“[43]

An diesen Ausführungen wird deutlich, dass es dem Bundesgesetzgeber nicht um die Fortführung eines vermeintlich korporatistischen und vordemokratischen Modells ging, sondern die explizite Anknüpfung an einen die deutsche Entwicklung prägenden Aspekt der demokratischen Entwicklung: die Selbstverwaltung als – zugleich genossenschaftlich[44] geprägte – Form der Demokratie. Diesen Zusammenhang hat das Bundesverfassungsgericht später mit der Formulierung um-

[40] BR-Drs. 1/3904, S. 15.

[41] KOM (2001) 428 endg.

[42] Dazu näher *Goltz*, S. 197 ff.

[43] BT-Drs. 1/3904, S. 16.

[44] D.h. durch die Gedanken der Selbstbetroffenheit, Gleichberechtigung und Selbsthilfe geprägte Organisationsform.

schrieben, dass Autonomie und Selbstverwaltung im demokratischen Prinzip wurzeln.[45]

In einem weiteren Schritt wird die Einbindung der gemeinsamen Selbstverwaltung in das gesamtstaatliche Legitimations- und Verantwortungsmodell konkretisiert:

„Durch den Vorbehalt der staatlichen Aufsicht über die Krankenkassen und über die kassenärztlichen Vereinigungen, sowie über alle Gemeinschaftseinrichtungen, durch den Vorbehalt der Genehmigung der Satzungen … sowie der als autonomes Selbstverwaltungsrecht von den obersten Gemeinschaftsorganen beschlossenen Bestimmungen und durch den Vorbehalt des staatlichen Eingreifens, wenn die Tätigkeit der Selbstverwaltungsorgane versagt, sowie schließlich durch den Vorbehalt gerichtlicher Nachprüfung von Entscheidungen der Selbstverwaltungsorgane über die Rechte und Pflichten der Versicherten und des Arztes … ist die Gewähr gegeben, daß die berechtigten Interessen der Allgemeinheit und des einzelnen nicht beeinträchtigt oder verletzt werden."[46]

Mit diesen Ausführungen wird verdeutlicht, dass in der sozialen Selbstverwaltung wie bei allen anderen Formen der rechtlichen Verselbständigung von Verwaltungseinheiten die wirksame staatliche Aufsicht einerseits und die gerichtliche Kontrolle andererseits bedeutsame verfassungsrechtliche Bedingungen dieser Organisationsform darstellen.[47] Durch die Staatsaufsicht wird eine gesamtstaatliche näherhin parlamentarische Letztverantwortung für das Handeln der Selbstverwaltungsträger abgesichert. Durch die Gerichtskontrolle wird der Schutz der Rechte der Einzelnen wirksam gewährleistet und zugleich die Gesetzesbindung sowie die damit verbundene demokratische Legitimation des Handelns[48] sichergestellt.

3. Weiterentwicklung zum Gemeinsamen Bundesausschuss

Der Gemeinsame Bundesausschuss geht auf das GKV-Modernisierungsgesetz vom 14. 11. 2003 zurück.[49] Die zu diesem Zeitpunkt bestehenden Bundesausschüsse wurden durch den Gemeinsamen Bundesausschuss „ersetzt" und die Entscheidungszuständigkeiten zentralisiert. Der Gesetzgeber verfolgte damit u. a. das Ziel, die Steuerung der Gesundheitsversorgung über die verschiedenen Bereiche hinweg stärker zu vereinheitlichen sowie durch die Bündelung den Personaleinsatz (in den

---

[45] BVerfGE 33, 125 (159); daran anknüpfend BVerfGE 107, 59 (91 f.); siehe dazu auch *Kluth*, Funktionale Selbstverwaltung, S. 346 f.; *Zimmermann*, S. 108 f.

[46] BT-Drs. 1/3904, S. 16.

[47] Für den Bereich der Kommunalverwaltung hat sich insofern die Formel etabliert, dass die Kommunalaufsicht „Korrelat" der Selbstverwaltungsgarantie ist; BVerfGE 6, 104 (118); siehe auch *Kahl*, S. 498 ff., der von einem Essentiale der Selbstverwaltung spricht.

[48] Auf Grund der inhaltlichen demokratischen Legitimation, die von den Parlamentsgesetzen ausgeht, bewirkt die Gerichtskontrolle staatlichen Handelns immer auch eine Sicherung der demokratischen Legitimation und steht nicht nur im Dienst des Rechtsstaatsprinzips.

[49] BGBl. I S. 2190. Siehe dazu und zum Folgenden *Zimmermann*, S. 17 ff. m.w.N. zur Literatur.

Ausschüssen und der Geschäftsstelle) effektiver und wirtschaftlicher auszugestalten, indem parallele Strukturen und Verfahren vermieden werden.[50]

Durch Folgeänderungen im GKV-WSG 2007[51] sowie im GKV-VStG 2011[52] wurden die Strukturen und Verfahrensweisen weiter gestrafft und angepasst:

Die Trägerschaft wurde auf die vier Spitzenorganisationen begrenzt und es gibt nur noch ein Beschlussorgan für alle Bereiche[53], das jedoch je nach thematischem Schwerpunkt mit unterschiedlichen Stimmengewichtungen (Stimmenkonzentration nach Maßgabe der thematischen Betroffenheit der Trägerorganisationen)[54] entscheidet.

Zudem wurde durch die Erweiterung der Hauptamtlichkeit sowie die Einführung von Karenzzeiten für die Unparteiischen die Professionalität der Entscheidungsfindung und die Vermeidung von Interessenkonflikten verbessert.

Hinzu kommen weitere Neuerungen, die in die gleiche Richtung zielen:

In § 91 Abs. 4 SGB V wird der Gemeinsame Bundesausschuss zum Erlass einer Verfahrensordnung und einer Geschäftsordnung verpflichtet, für die ein Genehmigungsvorbehalt des Bundesministeriums für Gesundheit besteht.

Die Beteiligungs- und Stellungnahmerechte im Rahmen der Beschlussverfahren wurden wesentlich erweitert.

Durch die Einrichtung von zwei wissenschaftlichen Instituten, dem bereits erwähnten Institut für Qualität und Wirtschaftlichkeit im Gesundheitswesen (IQWiG – §§ 139a ff. SGB V) sowie dem Institut für Qualitätssicherung und Transparenz im Gesundheitswesen (IQTiG – § 137a SGB V)[55] wurde die fachwissenschaftliche Grundlage für die Arbeit des Gemeinsamen Bundesausschusses weiter verbessert.

4. Aktuelle Organisations- und Legitimationsstruktur

Unter Berücksichtigung der zahlreichen Rechtsanpassungen der letzten Jahre ist derzeit von der folgenden Organisations- und Legitimationsstruktur des Gemeinsamen Bundesausschusses auszugehen:

---

[50] Vgl. BT-Drs. 15/1525, S. 106.

[51] G. v. 26.03.2007, BGBl. S. 378.

[52] G. v. 22.12.2011, BGBl. I S. 2983. Zu weiteren Änderungen, durch die der Zuständigkeitsbereich erweitert und die Amtshaftung neu geregelt wurde siehe *Schmidt-De Caluwe*, in: Becker/Kingreen, § 91, Rn. 6 f.

[53] Dazu *Sodan*, NJW 2007, 1313 (1316).

[54] Dazu *Schmidt-De Caluwe*, in: Becker/Kingreen, § 91, Rn. 5, 21 ff.

[55] Dazu *Algermissen*, NZS 2014, 921 (926 ff.).

- Trägerorganisationen[56] des Gemeinsamen Bundesausschusses sind die Kassenärztlichen Bundesvereinigungen (KdöR), die Deutsche Krankenhausgesellschaft (e.V.) und der Spitzenverband Bund der Krankenkassen (KdöR).
- Das zentrale Beschlussgremium besteht gem. § 91 Abs. 2 SGB V aus:
  - o Einem unparteiischen Vorsitzenden und zwei weiteren unparteiischen Mitgliedern, die von den vier Trägerorganisationen gemeinsam vorgeschlagen werden, wobei die Vorschläge durch das Bundesministerium für Gesundheit dem Ausschuss für Gesundheit des Deutschen Bundestages vorgelegt werden, dem ein thematisch begrenztes Widerspruchsrecht zusteht. Alle drei Unparteiischen üben ihre Tätigkeit in der Regel hauptamtlich aus und stehen insoweit in einem Dienstverhältnis zum Gemeinsamen Bundesausschuss.
  - o Einem von der Kassenzahnärztlichen Bundesvereinigung und zwei von der Kassenärztlichen Bundesvereinigung und der Deutschen Krankenhausgesellschaft benannten Mitgliedern.
  - o Fünf von dem Spitzenverband Bund der Krankenkassen benannten Mitgliedern.
  - o Die Unparteiischen dürfen zur Vermeidung von Interessenkonflikten ein Jahr vor ihrer Benennung nicht für eine Trägerorganisation, einem ihrer Mitglieder, bei Verbänden oder deren Mitgliedern tätig gewesen sein oder in einem Krankenhaus oder als Vertragsarzt, Vertragszahnarzt oder Vertragspsychotherapeut tätig gewesen sein. Für die Unparteiischen ist nur noch eine Amtszeit von sechs Jahren zugelassen.
- Zusätzlich zu ihren Aufgaben im Beschlussgremium übernehmen die Unparteiischen die Leitung der Unterausschüsse (Absatz 2 Satz 11), in denen die vorbereitende Sacharbeit geleistet wird.[57] Weitere Mitglieder der Unterausschüsse werden ebenfalls von den Trägerorganisationen benannt.
- Das u.a. in § 91 Abs. 2a SGB V normierte Beschlussverfahren sieht für die Leistungserbringerseite unter bestimmten Voraussetzungen eine Stimmenkonzentration nach folgenden Maßgaben vor: „(2a) Bei Beschlüssen, die allein einen der Leistungssektoren wesentlich betreffen, werden ab dem 1. Februar 2012 alle fünf Stimmen der Leistungserbringerseite anteilig auf diejenigen Mitglieder übertragen, die von der betroffenen Leistungserbringerorganisation nach Absatz 1 Satz 1 benannt worden sind. Bei Beschlüssen, die allein zwei der drei Leistungssektoren wesentlich betreffen, werden ab dem 1. Februar 2012 die Stimmen

---

[56] Eine echte Rechtsträgerschaft im Sinne einer Zurechnung des Handelns des Gemeinsamen Bundesausschusses liegt in Bezug auf die in der Regelung angeführten Organisationen heute in keiner Beziehung mehr vor, da der Gemeinsame Bundesausschuss kraft Gesetzes Rechtsfähigkeit besitzt und insoweit eigenständig und unmittelbar am Rechtsverkehr teilnimmt. Das wird zusätzlich durch § 91 Abs. 3a SGB V klargestellt, der eine Durchgriffshaftung der Trägerorganisationen ausschließt.

[57] Dazu *Schmidt-De Caluwe*, in: Becker/Kingreen, § 91, Rn. 4, 24.

der von der nicht betroffenen Leistungserbringerorganisation benannten Mitglieder anteilig auf diejenigen Mitglieder übertragen, die von den betroffenen Leistungserbringerorganisationen benannt worden sind. Der Gemeinsame Bundesausschuss legt in seiner Geschäftsordnung erstmals bis zum 31. Januar 2012 fest, welche Richtlinien und Entscheidungen allein einen oder allein zwei der Leistungssektoren wesentlich betreffen. Bei Beschlüssen zur Bewertung ärztlicher Untersuchungs- und Behandlungsmethoden wird die Stimme des von der Kassenzahnärztlichen Bundesvereinigung benannten Mitglieds ab dem 1. Januar 2012 anteilig auf die von der Kassenärztlichen Bundesvereinigung und der Deutschen Krankenhausgesellschaft benannten Mitglieder übertragen."

- Der Gemeinsame Bundesausschuss ist gem. § 91 Abs. 1 S. 2 SGB V rechtsfähig und wird nach Satz 3 durch den Vorsitzenden des Beschlussgremiums im Rechtsverkehr vertreten.
- Der Gemeinsame Bundesausschuss untersteht gem. § 91 Abs. 8 SGB V der Rechtsaufsicht des Bundesministeriums für Gesundheit.
- Er ist gem. § 91 Abs. 3a SGB V verantwortliches Subjekt von (Amts-) Haftungsansprüchen bei Vorliegen von Amtspflichtverletzungen durch Mitglieder seiner Organe.

Diese Regelungen zeichnen das Bild einer verselbständigten, rechtsfähigen Selbstverwaltungseinheit, die ihr Leitungsorgan unter partieller Einbindung staatlicher Stellen mit begrenzter Kontrollfunktion („Widerspruchsrecht" des Ausschusses für Gesundheit des Deutschen Bundestages) durch die Trägerorganisationen besetzt (Vorschlags- und Benennungsrechte).

Als Motivation und „Ratio" des Selbstverwaltungsrechts weist die Entstehungs- und Entwicklungsgeschichte des Gemeinsamen Bundesausschusses die folgenden tragenden Gesichtspunkte aus:

- Der „Staat" nutzt den besonderen Sachverstand der Trägerorganisationen und der von ihnen „benannten" Personen, um dadurch eine höhere Qualität der Wissensgenerierung zu erreichen und die zu treffenden Entscheidungen zu verbessern.
- Zugleich soll durch die Einbeziehung der „Betroffenen" in die Rechtskonkretisierung das Vertrauen der Adressaten in die Ergebnisse der rechtsetzenden Tätigkeit gesteigert und dadurch die Akzeptanz und Befolgung der gesetzten Normen (Compliance) verbessert werden.
- Weiterhin wird durch die gewählte Vorgehensweise die Ausübung politisch motivierter Weisungen ausgeschlossen und der fachliche Entscheidungsdiskurs in den Organen abgesichert.
- Schließlich wurden vor allem in der neueren Rechtsentwicklung zusätzliche Elemente zur Sicherung der Objektivität und Neutralität der Leitungspersonen

eingeführt und dadurch weitere institutionelle Absicherungen der Entscheidungsqualität sowie der Akzeptanzsicherung verankert.

Mit dieser organisatorischen Ausgestaltung des Gemeinsamen Bundesausschusses verwirklicht der Gesetzgeber ein konsequentes und folgerichtiges Gesamtkonzept, das am Leitbild einer aufgabengerechten Organstruktur[58] ausgerichtet ist und in seinen wesentlichen Merkmalen auf einer parlamentsgesetzlichen Grundlage beruht.

II. Rechtsetzungsorgan

Der Gemeinsame Bundesausschuss ist auf Grund der ihm zugewiesenen Aufgaben maßgeblich als exekutivisches Rechtsetzungsorgan zu qualifizieren. Dies folgt insbesondere aus seiner Ermächtigung (und Verpflichtung) zum Erlass von Richtlinien in § 92 SGB V als einer Form der Selbstverwaltungsrechtsetzung:

> „(1) Der Gemeinsame Bundesausschuss beschließt die zur Sicherung der ärztlichen Versorgung erforderlichen Richtlinien über die Gewähr für eine ausreichende, zweckmäßige und wirtschaftliche Versorgung der Versicherten; …“.

Die in vieler Hinsicht diskutierte und umstrittene Qualifikation dieser Richtlinien[59] wird durch das Gesetz heute[60] jedenfalls hinsichtlich ihrer Einordnung in das Rechtssystem der GKV für den Bereich der vertragsärztlichen Versorgung durch § 92 Abs. 8 SGB V geklärt:

> „(8) Die Richtlinien des Gemeinsamen Bundesausschusses sind Bestandteil der Bundesmantelverträge.“

Hinzu tritt die Regelung des § 91 Abs. 6 SGB V wonach die Beschlüsse des Gemeinsamen Bundesausschusses mit Ausnahme der Beschlüsse nach § 137b für die Träger nach Absatz 1 Satz 1, deren Mitglieder und Mitgliedskassen sowie für die Versicherten und die Leistungserbringer verbindlich sind.

Als zentrale und bedeutsamste Regelung zum Richtlinienerlass durch den Gemeinsamen Bundesausschuss ist § 92 SGB V anzusprechen, der in seinem Absatz 1 den Gemeinsamen Bundesausschuss zum Erlass von Richtlinien insbesondere in den folgenden Handlungsfeldern verpflichtet[61]:

---

[58] Dazu näher *Kluth*, VerwArch 102 (2011), 525.

[59] Dazu ausführlich *Axer*, Normsetzung, 2000; *Zimmermann*, S. 51 ff. m.w.N.

[60] In der ursprünglichen Fassung des Jahres 1955 war noch keine Bindungswirkung der Richtlinien vorgesehen; vgl. BSGE 38, 35 (37 f.). Siehe *Zimmermann*, S. 14 ff. wie sie vor 1933 durch Rechtsverordnung begründet worden war.

[61] Zum Stand des Erlasses von Richtlinien siehe näher https://www.g-ba.de/informationen/richtlinien/. Überblick bei *Schmidt-De Caluwe*, in: Becker/Kingreen, § 92, Rn. 42.

„1. ärztliche Behandlung,

2. zahnärztliche Behandlung einschließlich der Versorgung mit Zahnersatz sowie kieferorthopädische Behandlung,

3. Maßnahmen zur Früherkennung von Krankheiten und zur Qualitätssicherung der Früherkennungsuntersuchungen sowie zur Durchführung organisierter Krebsfrüherkennungsprogramme nach § 25a einschließlich der systematischen Erfassung, Überwachung und Verbesserung der Qualität dieser Programme,

4. ärztliche Betreuung bei Schwangerschaft und Mutterschaft,

5. Einführung neuer Untersuchungs- und Behandlungsmethoden,

6. Verordnung von Arznei-, Verband-, Heil- und Hilfsmitteln, Krankenhausbehandlung, häuslicher Krankenpflege und Soziotherapie,

7. Beurteilung der Arbeitsunfähigkeit einschließlich der Arbeitsunfähigkeit nach § 44a Satz 1 sowie der nach § 5 Abs. 1 Nr. 2a und der nach § 10 versicherten erwerbsfähigen Hilfebedürftigen im Sinne des Zweiten Buches,

8. Verordnung von im Einzelfall gebotenen Leistungen zur medizinischen Rehabilitation und die Beratung über Leistungen zur medizinischen Rehabilitation, Leistungen zur Teilhabe am Arbeitsleben und ergänzende Leistungen zur Rehabilitation,

9. Bedarfsplanung,

10. medizinische Maßnahmen zur Herbeiführung einer Schwangerschaft nach § 27a Abs. 1,

11. Maßnahmen nach den §§ 24a und 24b,

12. Verordnung von Krankentransporten,

13. Qualitätssicherung,

14. spezialisierte ambulante Palliativversorgung,

15. Schutzimpfungen."

Thematisch wird damit nicht nur das weite Spektrum ärztlicher und zahnärztlicher Krankenbehandlung erfasst, sondern mit dem Themenfeld der Bedarfsplanung (Nr. 11) auch ein Bereich, welcher der institutionell-organisatorischen Ebene zuzuordnen ist.

In den Folgeabsätzen wird der Erlass der Richtlinien durch genauere Handlungsmaßgaben und Verfahrensvorgaben für einzelne Richtlinienthemenfelder konkretisiert, indem u. a. die Mitwirkung von thematisch betroffenen staatlichen Stellen und Fachverbänden vorgeschrieben bzw. in das Ermessen des Gemeinsamen Bundesausschusses gestellt wird. Dabei wird auch mehrfach die Möglichkeit der wissenschaftlichen Begutachtung durch Dritte eröffnet und auf diesem Weg der außerhalb der Trägerorganisationen und des Gemeinsamen Bundesausschuss vorhandene Sachverstand genutzt. Unter anderem sind in den folgenden Verfahren anderen sachverständige Organisationen durch die Abgabe von Stellungnahmen in das Entscheidungsverfahren des Gemeinsamen Bundesausschusses einzubeziehen:

– Nach § 92 Abs. 1b ist vor der Entscheidung des Gemeinsamen Bundesausschusses über die Richtlinien nach Absatz 1 Satz 2 Nr. 4 den in § 134a Absatz 1 genannten Organisationen der Leistungserbringer auf Bundesebene Gelegenheit zur Stellungnahme zu geben; die Stellungnahmen sind in die Entscheidung einzubeziehen.

- Nach § 92 Abs. 2a kann der Gemeinsame Bundesausschuss im Einzelfall mit Wirkung für die Zukunft vom pharmazeutischen Unternehmer im Benehmen mit der Arzneimittelkommission der deutschen Ärzteschaft und dem Bundesinstitut für Arzneimittel und Medizinprodukte oder dem Paul-Ehrlich-Institut innerhalb einer angemessenen Frist ergänzende versorgungsrelevante Studien zur Bewertung der Zweckmäßigkeit eines Arzneimittels fordern.
- Nach § 92 Abs. 3a ist vor der Entscheidung über die Richtlinien zur Verordnung von Arzneimitteln nach Absatz 1 Satz 2 Nr. 6 und Therapiehinweisen nach Absatz 2 Satz 7 den Sachverständigen der medizinischen und pharmazeutischen Wissenschaft und Praxis sowie den für die Wahrnehmung der wirtschaftlichen Interessen gebildeten maßgeblichen Spitzenorganisationen der pharmazeutischen Unternehmer, den betroffenen pharmazeutischen Unternehmern, den Berufsvertretungen der Apotheker und den maßgeblichen Dachverbänden der Ärztegesellschaften der besonderen Therapierichtungen auf Bundesebene Gelegenheit zur Stellungnahme zu geben. Die Stellungnahmen sind in die Entscheidung einzubeziehen.
- Nach § 92 Abs. 5 ist vor der Entscheidung des Gemeinsamen Bundesausschusses über die Richtlinien nach Absatz 1 Satz 2 Nr. 8 den in § 111b Satz 1 genannten Organisationen der Leistungerbringer, den Rehabilitationsträgern (§ 6 Abs. 1 Nr. 2 bis 7 des Neunten Buches) sowie der Bundesarbeitsgemeinschaft für Rehabilitation Gelegenheit zur Stellungnahme zu geben; die Stellungnahmen sind in die Entscheidung einzubeziehen.
- Nach § 92 Abs. 7 ist vor der Entscheidung des Gemeinsamen Bundesausschusses über die Richtlinien zur Verordnung von häuslicher Krankenpflege nach Absatz 1 Satz 2 Nr. 6 den in § 132a Abs. 1 Satz 1 genannten Leistungserbringern Gelegenheit zur Stellungnahme zu geben; die Stellungnahmen sind in die Entscheidung einzubeziehen.
- Nach § 92 Abs. 7a ist vor der Entscheidung des Gemeinsamen Bundesausschusses über die Richtlinien zur Verordnung von Hilfsmitteln nach Absatz 1 Satz 2 Nr. 6 den in § 126 Absatz 1a Satz 3 genannten Organisationen der Leistungserbringer und den Spitzenorganisationen der betroffenen Hilfsmittelhersteller auf Bundesebene Gelegenheit zur Stellungnahme zu geben; die Stellungnahmen sind in die Entscheidung einzubeziehen.
- Nach § 92 As. 7b ist vor der Entscheidung über die Richtlinien zur Verordnung von spezialisierter ambulanter Palliativversorgung nach Absatz 1 Satz 2 Nr. 14 den maßgeblichen Organisationen der Hospizarbeit und der Palliativversorgung sowie den in § 132a Abs. 1 Satz 1 genannten Organisationen Gelegenheit zur Stellungnahme zu geben. Die Stellungnahmen sind in die Entscheidung einzubeziehen.

- Nach § 92 Abs. 7c ist vor der Entscheidung über die Richtlinien zur Verordnung von Soziotherapie nach Absatz 1 Satz 2 Nr. 6 den maßgeblichen Organisationen der Leistungserbringer der Soziotherapieversorgung Gelegenheit zur Stellungnahme zu geben; die Stellungnahmen sind in die Entscheidung einzubeziehen.
- Nach § 92 Abs. 7d ist vor der Entscheidung über die Richtlinien nach den §§ 135, 137c und § 137e den jeweils einschlägigen wissenschaftlichen Fachgesellschaften Gelegenheit zur Stellungnahme zu geben; bei Methoden, deren technische Anwendung maßgeblich auf dem Einsatz eines Medizinprodukts beruht, ist auch den für die Wahrnehmung der wirtschaftlichen Interessen gebildeten maßgeblichen Spitzenorganisationen der Medizinproduktehersteller und den jeweils betroffenen Medizinprodukteherstellern Gelegenheit zur Stellungnahme zu geben. Bei Methoden, bei denen radioaktive Stoffe oder ionisierende Strahlung am Menschen angewandt werden, ist auch der Strahlenschutzkommission Gelegenheit zur Stellungnahme zu geben. Die Stellungnahmen sind in die Entscheidung einzubeziehen.
- Nach § 92 Abs. 7f ist vor der Entscheidung über die Richtlinien nach § 137 Absatz 1 in Verbindung mit Absatz 1a dem Robert Koch-Institut Gelegenheit zur Stellungnahme zu geben. Das Robert Koch-Institut hat die Stellungnahme mit den wissenschaftlichen Kommissionen am Robert Koch-Institut nach § 23 des Infektionsschutzgesetzes abzustimmen. Die Stellungnahme ist in die Entscheidung einzubeziehen.

Eine besondere Form der Einbeziehung fremden Sachverstandes findet sich zudem in § 92 Abs. 7e SGB V. Nach dieser Regelung erhalten bei den Richtlinien nach Absatz 1 Satz 2 Nummer 9 die Länder ein Mitberatungsrecht. Es wird durch zwei Vertreter der Länder ausgeübt, die von der Gesundheitsministerkonferenz der Länder benannt werden. Die Mitberatung umfasst auch das Recht, Beratungsgegenstände auf die Tagesordnung setzen zu lassen und das Recht zur Anwesenheit bei der Beschlussfassung.

Wichtig für die genauere Einordnung der Aufgabenzuweisung an den Gemeinsamen Bundesausschuss ist angesichts der beschriebenen Rechtslage der Umstand, dass der außenrechtswirksame Rechtsrahmen des gesamten Leistungsgeschehens in seinen wesentlichen Gesichtspunkten durch den Gesetzgeber normiert worden ist. Dies gilt sowohl für die Leistungsansprüche der Versicherten als auch für den Zugang der verschiedenen Leistungserbringer zum „System" der gesetzlichen Krankenversicherung. Dabei sind die Besonderheiten der Rechtskonkretisierung durch das SGB V zu beachten.

Ausgangspunkt des Leistungsrechts ist die allgemeine Vorgabe in § 2 Abs. 1 SGB V:

„(1) Die Krankenkassen stellen den Versicherten die im Dritten Kapitel genannten Leistungen unter Beachtung des Wirtschaftlichkeitsgebots (§ 12) zur Verfügung, soweit diese Leistungen nicht der Eigenverantwortung der Versicherten zugerechnet werden. Behandlungsmethoden, Arznei- und Heilmittel der besonderen Therapierichtungen sind nicht ausgeschlossen. Qualität und Wirksamkeit der Leistungen haben dem allgemein anerkannten Stand der medizinischen Erkenntnisse zu entsprechen und den medizinischen Fortschritt zu berücksichtigen."

Ergänzend ist in diesem Zusammenhang auf § 12 Abs. 1 SGB V hinzuweisen, zu dem das Bundessozialgericht in seinem Urteil vom 20.03.1996 ausgeführt hat:

„Aus den Vorschriften des § 92 Abs 1 Satz 1 iVm § 2 Abs 1 und 4, § 12 Abs 1, § 27 Abs 1, § 28 Abs 1, § 70 Abs 1, § 72 Abs 2 SGB V läßt sich ein ausreichend dichtes Normprogramm entnehmen, welches die gesetzgeberischen Vorgaben für den Umfang ärztlicher Behandlung und die Einbeziehung neuer Untersuchungs- und Behandlungsmethoden in die gesetzliche Krankenversicherung so präzise, wie auf abstrakter Ebene möglich, beschreibt. Danach ist unter Berücksichtigung des medizinischen Fortschritts eine Behandlung auch in der gesetzlichen Krankenversicherung anzubieten, wenn ihre Qualität und Wirksamkeit nach dem allgemein anerkannten Stand der medizinischen Erkenntnisse gesichert ist, sofern das Behandlungsziel nicht auf wirtschaftlichere Weise erreicht werden kann. Mit diesen Vorgaben ist die Art der vom Bundesausschuss zu treffenden Entscheidung und das mit ihr vom Sekundärnormgeber zu verfolgende Ziel genau festgelegt. Eine präzisere Umschreibung für diesen letzten Schritt der Normkonkretisierung ist angesichts der Vielgestaltigkeit der zugrundeliegenden medizinischen Sachverhalte kaum denkbar (..). Das wird auch dadurch belegt, daß der für das Leistungsrecht der gesetzlichen Krankenversicherung zentrale Begriffe der Krankheit (§ 27 Abs 1 Satz 1 SGB V) im Gesetz nicht näher definiert, sondern der Konkretisierung durch untergesetzliche Rechtsnormen sowie durch Verwaltungs- und Gerichtsentscheidungen überantwortet worden ist."[62]

Die in § 2 Abs. 1 SGB V verankerte objektivrechtliche Verpflichtung der Krankenkassen wird in einem zweiten Schritt durch § 27 SGB V in Richtung der Begründung von Ansprüchen der Patienten ausgestaltet:

(1) Versicherte haben Anspruch auf Krankenbehandlung, wenn sie notwendig ist, um eine Krankheit zu erkennen, zu heilen, ihre Verschlimmerung zu verhüten oder Krankheitsbeschwerden zu lindern. Die Krankenbehandlung umfasst

1. Ärztliche Behandlung einschließlich Psychotherapie als ärztliche und psychotherapeutische Behandlung,

2. zahnärztliche Behandlung,

2a. Versorgung mit Zahnersatz einschließlich Zahnkronen und Suprakonstruktionen,

3. Versorgung mit Arznei-, Verband-, Heil- und Hilfsmitteln,

4. häusliche Krankenpflege und Haushaltshilfe,

5. Krankenhausbehandlung,

6. Leistungen zur medizinischen Rehabilitation und ergänzende Leistungen.

Bei der Krankenbehandlung ist den besonderen Bedürfnissen psychisch Kranker Rechnung zu tragen, insbesondere bei der Versorgung mit Heilmitteln und bei der medizinischen Rehabilitation. Zur Krankenbehandlung gehören auch Leistungen zur Herstellung der Zeugungs- oder Empfängnisfähigkeit, wenn diese Fähigkeit nicht vorhanden war oder durch

---

[62] BSG, Urt. v. 20.03.1996, Az: 6 Rka 62/94, ztiert nach juris, Rn. 38.

Krankheit oder wegen einer durch Krankheit erforderlichen Sterilisation verlorengegangen war."

Nach heutiger Ansicht in Rechtsprechung und Literatur ist der in § 27 Abs. 1 SGB V normierte Individualanspruch, der früher noch als Rahmenrecht bezeichnet wurde[63], darauf angewiesen, in seiner Reichweite und Gestalt durch untergesetzliche Rechtsnormen konkretisiert zu werden.[64] Diese weitere Rechtskonkretisierung ist maßgeblich Aufgabe der Richtlinien des Gemeinsamen Bundesausschusses.[65]

Voraussetzung für das Bestehen eines allgemeinen Behandlungsanspruchs in Gestalt eines Rahmenrechts ist zunächst, dass der Anspruchsteller zum Kreis der Versicherten gehört und ein Krankheitsfall vorliegt.[66]

Die weitere Rechtskonkretisierung erfolgt durch die Richtlinien des Gemeinsamen Bundesausschusses. Dazu gibt § 92 Abs. 1 SGB V vor:

„Der Gemeinsame Bundesausschuss beschließt die zur Sicherung der ärztlichen Versorgung erforderlichen Richtlinien über die Gewähr für eine ausreichende, zweckmäßige und wirtschaftliche Versorgung der Versicherten; dabei ist den besonderen Erfordernissen der Versorgung behinderter oder von Behinderung bedrohter Menschen und psychisch Kranker Rechnung zu tragen, vor allem bei den Leistungen zur Belastungserprobung und Arbeitstherapie; er kann dabei die Erbringung und Verordnung von Leistungen oder Maßnahmen einschränken oder ausschließen, wenn nach allgemein anerkanntem Stand der medizinischen Erkenntnisse der diagnostische oder therapeutische Nutzen, die medizinische Notwendigkeit oder die Wirtschaftlichkeit nicht nachgewiesen sind; ...".

Das Verfahren ist zudem in den Einzelheiten durch eine vom Gemeinsamen Bundesausschuss erlassene Verfahrensordnung geregelt, die zuletzt am 20. März 2014 geändert wurde.[67]

Die Verfahrensordnung sieht in Kapitel 1 § 4 Abs. 2 eine zweistufige Vorgehensweise vor. Demnach werden die Beschlüsse nach Vorbereitung durch die Unterausschüsse durch das Beschlussgremium gefasst. Eine Delegation der Entscheidungszuständigkeit auf Unterausschüsse ist in begrenztem Umfang zulässig.

Die zentrale Aufgabe des Verfahrens und der darauf basierenden Beschlussfassung wird in Kapitel 1 § 5 Abs. 2 VerfO präzisiert:

„Der Gemeinsame Bundesausschuss ermittelt den allgemein anerkannten Stand der medizinischen Erkenntnisse auf der Grundlage der evidenzbasierten Medizin."

---

[63] BSGE 81, 54 (61). Siehe auch *Lang*, in: Becker/Kingreen, § 27, Rn. 53 ff.; *Neumann*, SGb 1998, 609 (610 f.); *Zimmermann*, S. 176 ff.

[64] BSG, GesR 2007, 276; BSGE 113, 241 RdNr 11 m.w.N.; *Hauck* in: Peters, § 13 SGB V RdNr 53 f) (Stand Juli 2014); BSG, Urt. v. 02.09.2014, B 1 KR 11/13 KR, Rn. 8.

[65] *Lang*, in: Becker/Kingreen, § 27, Rn. 54 m.w.N.

[66] Dazu näher *Zimmermann*, (Fn. 10), S. 167 ff.

[67] https://www.g-ba.de/downloads/62-492-873/VerfO_2014-03-20.pdf.

Es wird demnach eine wissenschaftlichen Standards verpflichtete Normsetzung vorgeschrieben.[68] Da die Verfahrensordnung – wie auch die Geschäftsordnung – nach § 91 Abs. 4 SGB V der Genehmigung durch die Aufsichtsbehörde, das Bundesministerium für Gesundheit, bedürfen, basiert die dort geregelte Vorgehensweise auf einer zusätzlichen ministeriellen Legitimation., da hier nicht nur eine Rechtsaufsicht ausgeübt wird.

Damit ergibt sich das folgende Gesamtbild der Aufgabenverteilung: Durch § 92 SGB V wird die inhaltliche Entsprechung von Leistungsrecht und Leistungserbringerrecht (im Sinne der Regelungen in §§ 2 Abs. 1 und 4 SGB V, § 12 Abs.1, § 27 Abs. 1, § 28 Abs. 1, § 70 Abs. 1 Satz 2, § 72 Abs.2 SGB V) abgesichert. Für die Tätigkeit des Gemeinsamen Bundesausschusses wird durch die rechtlichen Vorgaben in §§ 2, 12 Abs. 1 und 92 Abs. 1 SGB V ein Bewertungsprogramm zur Wahrnehmung seiner Aufgabenstellung vorgegeben. Dies entspricht auch der Sichtweise des Normenzusammenhangs in der Rechtsprechung des Bundessozialgerichts. Exemplarisch kann insoweit auf Ausführungen in einem Urteil vom 20.3.1996[69] verwiesen werden, wo es heißt:

> „In der Norm wird … dem Bundesausschuß die Befugnis zur Richtliniengebung über eine ausreichende, zweckmäßige und wirtschaftliche Versorgung der Versicherten übertragen. Funktion der Richtlinien ist es damit, die Verpflichtung der Vertragsärzte zu einer wirtschaftlichen Behandlungs- und Verordnungsweise mit den Ansprüchen der Versicherten zu koordinieren. § 92 Abs 1 Satz 1 SGB V und die leistungsrechtliche Vorschrift des § 12 Abs 1 SGB V stehen damit in einem unmittelbaren sachlogischen Zusammenhang (Frieß, Die Steuerungsinstrumente der Selbstverwaltung im SGB V, Diss. 1992, S 80). Folgerichtig wird dem Bundesausschuß aufgegeben, insbesondere auch Richtlinien über die ärztliche Behandlung zu beschließen (§ 92 Abs1 Satz 2 Nr 1 SGB V). In ihnen soll die sich aus dem Leistungsrecht der gesetzlichen Krankenversicherung ergebende Verpflichtung zur ausreichenden, zweckmäßigen und wirtschaftlichen Versorgung der Versicherten (vgl § 2 Abs 1 und 4, § 12 Abs 1, § 27 Abs 1, § 28 Abs 1, § 70 Abs 1 Satz 2, § 72 Abs 2 SGB V) umgesetzt und damit zugleich der Umfang der Leistungspflicht der Krankenkassen gegenüber den Versicherten präzisiert werden (vgl hierzu Ebsen, VSSR 1990, S 57, 69; Papier, ebd, S 121, 128; Krause, ebd, S 107, 120; Tempel-Kromminga, aa0, S 60). Dabei kann der Umfang der zu gewährenden Krankenversorgung im Verhältnis von Versicherten zu Krankenkassen kein anderer sein als im Verhältnis der ärztlichen Leistungserbringer zu den Kassenärztlichen Vereinigungen und wiederum den Krankenkassen (Ebsen in: Schulin, aa0, § 7, RdNr 162).“

III. „Regulierungsbehörde“

1. Regulierung als Verwaltungs- und Normsetzungsaufgabe

Mit der Qualifikation des Richtlinienerlasses durch den Gemeinsamen Bundesausschuss als Rechtsetzung ist seine Tätigkeit in einem wesentlichen Aspekt erfasst

---

[68] Zur Vorgehensweise ausführlich *Zimmermann*, S. 257 ff.

[69] BSG, Urt. v. 20.03.1996, Az: 6 RKa 62/94, Rn. 24 – juris.

und in das System staatlichen Handelns im Allgemeinen und das Steuerungssystem der gesetzlichen Krankenversicherung im Besonderen eingeordnet. An dem Umstand, dass die rechtsetzende Tätigkeit den die Institution prägenden Schwerpunkt der Verwaltungstätigkeit (!) des Gemeinsamen Bundesausschusses darstellt, wird aber auch deutlich, dass es sich insoweit um eine atypische Organisation handelt. Das gibt Anlass darüber nachzudenken, ob und inwieweit der Gemeinsame Bundesausschuss auch Merkmale einer Regulierungsbehörde aufweist.

Typisches Merkmal von Regulierungsbehörden ist die Zuständigkeit für die „Ordnung" von Wirtschaftsbereichen, in denen (noch) kein ausreichend wirksamer Wettbewerb besteht.[70] Zu diesem Zweck hat der (europäische) Gesetzgeber in verschiedenen Bereichen die Einsetzung begrenzt unabhängiger Regulierungsbehörden angeordnet.[71] Diese sind in der Regel als Bundesoberbehörden organisiert.

Unter Regulierung versteht man heute „hoheitliches Handeln, mit dem die Verwaltung auf einen Wirtschaftssektor einwirkt, um sowohl Bedingungen für Wettbewerb zu schaffen und aufrechtzuerhalten, als auch anstelle einer staatlichen Eigenvornahme die Gemeinwohlsicherung im betreffenden Bereich zu garantieren".[72]

Eine Besonderheit der Regulierung als Verwaltungsaufgabe besteht darin, dass sie auf ökonomischen Sachverstand[73] angewiesen ist, der zur Entfaltung seiner Wirksamkeit jedenfalls von politischen Weisungen freigestellt werden muss, um seinen Zweck zu verwirklichen.[74] Es werden besondere Fach- und Methodenkenntnisse genutzt und direkter[75] politischer Steuerung entzogen, um eine Staatsaufgabe sachgemäß zu erfüllen.

Das Aufgabenprofil genuiner, d.h. zu diesem Zweck geschaffener Regulierungsbehörden[76] ist durch Zuständigkeiten im Bereich der Marktanalyse, der Feinsteuerung des Marktzugangs (Zugangsregulierung), der Nutzung von monopolisierten Ressourcen (Netzregulierung) einschließlich der Preisbildung (Preisregulierung), der Sicherung der flächendeckenden Versorgung (Universaldienstregulierung) sowie der Etablierung eines umfangreichen Verbraucherschutzes gekennzeichnet.[77]

---

[70] *Ruffert*, in: Ehlers/Fehling/Pünder, § 21, Rn. 9ff.

[71] Zu einzelnen Beispielen *Ruffert*, in: Ehlers/Fehling/Pünder, § 21, Rn. 27ff.

[72] *Ruffert*, in: Ehlers/Fehling/Pünder, § 21, Rn. 1.

[73] Hier ist nicht wirtschaftswissenschaftlicher Sachverstand, sondern allgemeiner ökonomischer Sachverstand im Sinne einer Kosten-Nutzen-Realtionsanalyse als Kernelement der Konkretisierung des Wirtschaftslichkeitsgrundsatzes gemeint.

[74] Zu der daraus folgenden begrenzten Unabhängigkeit der Regulierungsbehörden und der damit verbundenen Diskussion über die demokratische Legitimation *Ruffert*, in: Ehlers/Fehling/Pünder, § 21 Rn. 30 m.w.N.

[75] Rechtlich bedeutet dies, dass Weisungen nur in Ausnahmefällen zulässig sind.

[76] Dazu vertiefend *Berringer*, Regulierung, 2004.

[77] Exemplarisch für den Bereich des Telekommunikationsrechts *Eifert*, in: Ehlers/Fehling/Pünder, § 23, Rn. 24ff.

2. Der Richtlinienerlass durch den Gemeinsamen Bundesausschusses als Regulierungstätigkeit

Die Zuständigkeiten des Gemeinsamen Bundesausschusses bleiben nicht wesentlich hinter diesem Aufgabenprogramm zurück. So dienen die von ihm erlassenen Richtlinien der Sicherung einer flächendeckenden Versorgung mit qualitätsvollen Gesundheitsdienstleistungen und es erscheint deshalb sinnvoll für die rechtliche Würdigung, Bezüge zum Regulierungsrecht herzustellen.[78]

Um dies zu verdeutlichen ist es erforderlich, das Aufgabenprofil des Gemeinsamen Bundesausschusses aus einem anderen Blickwinkel zu betrachten. Die Erbringung von Gesundheitsdienstleistungen ist dazu aus der Perspektive eines Marktgeschehens zu betrachten. In diesem Zusammenhang fällt sogleich auf, dass es sich um einen Markt handelt, der nur an einigen Stellen durch wettbewerbliche Elemente geprägt ist, etwa bei der (freien) Wahl der Krankenkasse, des Arztes oder Apothekers. Hinzu kommt, dass die Empfänger der Gesundheitsdienstleistungen erstens nur begrenzt über deren Inanspruchnahme entscheiden können (Verordnungspflicht) und dass sie überdies auch nicht direkt[79] für deren Bezahlung verantwortlich sind (Sach- und Dienstleistungsprinzip). Innerhalb einer solchen Struktur, die einer normativen Betrachtung aus dem Blickwinkel des öffentlichen Wirtschaftsrechts grundsätzlich zugänglich ist[80], müssen die Grundfunktionen des Wettbewerbs, die Sicherung einer effizienten Allokation durch Preiswettbewerb und die Sicherung von Qualität durch Produktwettbewerb, durch staatliche Aufsichts- und Steuerungsmaßnahmen ersetzt werden.

Auf beide Bereiche bezieht sich nun in der Tat der Richtlinienerlass durch den Gemeinsamen Bundesausschuss.[81] Indem durch den Erlass der Richtlinien unwirtschaftliche medizinische Leistungen aus dem Leistungskatalog der gesetzlichen Krankenkassen ausgeschlossen und durch die Anwendung der Grundsätze der evidenzbasierten Medizin nur qualitätsgesicherte Maßnahmen zugelassen werden, ersetzt das Rechtskonkretisierungsverfahren durch den Gemeinsamen Bundesausschuss zugleich zwei Funktionen, die in „normalen" Marktstrukturen durch den Wettbewerb erfüllt werden.[82]

[78] Siehe dazu auch die Ansätze bei *Schuler-Harms* und *Hense,* in: Fehling/Ruffert, §§ 15, 16.

[79] Indirekt natürlich durch die Beitragspflicht gegenüber den gesetzlichen Krankenkassen.

[80] Dazu grundlegend *Rixen*, Sozialrecht, 2005, sowie konkretisierend die Beiträge von *Schuler-Harms* und *Hense* (Fn. 113).

[81] So sieht es auch das Bundesverfassungsgericht in seiner Festbetragsentscheidung: BVerfGE 106, 275 (300 f.).

[82] Eine weitere Funktion wird durch die Aufgabe der Bürokratiekostenermittlung wahrgenommen. Siehe dazu § 91 Abs. 10 SGB V sowie Kapitel 1 § 5a VerfO.

3. Wechselwirkung zwischen Selbstverwaltungsrecht und Regulierungsaufgabe

Der Gemeinsame Bundesausschuss nimmt somit über die bloße Rechtskonkretisierung hinaus zugleich eine wettbewerbsersetzende Steuerungsfunktionen[83] wahr und kann insoweit auch als Regulierungsbehörde oder besser: als Behörde mit regulierenden Teilfunktionen eingeordnet werden. Dabei rechtfertigt auch diese Funktionszuweisung die durch das Selbstverwaltungsrecht begründete Weisungsfreiheit. Denn wie ein Vergleich mit den formal in dieser Funktion etablierten Regulierungsbehörden zeigt, kann eine regulierende Tätigkeit sachgemäß nur durchgeführt werden, wenn eine Freiheit von politisch motivierten Weisungen sichergestellt ist. Das Selbstverwaltungsrecht ist dafür im Grunde besser geeignet als die bei der Bundesnetzagentur und anderen Regulierungsbehörden praktizierte Beschränkung der Weisungsbefugnisse der zuständigen Ministerien.

4. Bedeutung für die demokratische Legitimation des Gemeinsamen Bundesausschusses

Schließlich folgt aus dieser Herausarbeitung einer weiteren grundlegenden Funktion des Gemeinsamen Bundesausschusses eine zusätzliche Facette zur Begründung seiner demokratischen Legitimation aus dem Blickwinkel der Wahl einer sachlich der zugewiesenen Aufgabe angemessenen Organisationsrechtsform.

Ähnlich wie bei den Regulierungsbehörden erweist es sich auch hier als funktionsgerecht, die direkten Einflussnahmemöglichkeiten der unmittelbaren Staatsverwaltung sowohl auf die personelle Besetzung der Organe als auch den Inhalt der zu treffenden Entscheidungen auf eine strikte Rechtskontrolle zu beschränken und damit die Sachentscheidungsbefugnis im Kern der besonderen Sachkunde in der Organisation zu überlassen.

IV. Die Arbeit des Gemeinsamen Bundesausschusses als qualifizierte Wissensgenerierung

Auf einer rechtssystematischen und rechtssoziologischen Metaebene lassen sich die Systemfunktionen des Gemeinsamen Bundesausschusses schließlich aus dem Blickwinkel der Wissensgenerierung beschreiben.

Dabei ist zur Vermeidung von Missverständnissen darauf hinzuweisen, dass damit natürlich nicht der banale Umstand gemeint ist, dass – wie in jedem behördlichen

---

[83] In diesem Zusammenhang ist auf die Entscheidung des Bundesverfassungsgerichts zu den Festbetragsregelungen zu verweisen, BVerfGE 106, 275 (300 ff.). Dort weist das Gericht auf die begrenzte Steuerungsfunktion der Verbände der Krankenkassen hin, die nicht zu gestalten Eingriffen in den Markt, sondern zur Verhaltenssteuerung innerhalb eines gesetzlich vorgegeben Rahmens zur Sicherung von Wirtschaftlichkeit (§ 12 SGB V) berufen sind.

Verfahren – durch den Gemeinsamen Bundesausschuss Informationen be- und verarbeitet werden. Vielmehr soll aufgezeigt werden, dass es sich um eine Organisation handelt, die spezifisch auf diesen Zweck ausgerichtet worden ist.

Unter Wissen ist in diesem Zusammenhang das entscheidungsbezogene, praktische Wissen zu verstehen, das sich von einem rein theoretischen Wissen oder Buchwissen grundlegend unterscheidet.[84]

Die Tätigkeit des Gemeinsamen Bundesausschusses ist genau an der Schnittstelle von wissenschaftlichem Wissen und handlungsbezogenem Wissen angesiedelt. Seine Aufgabe ist es, im Rahmen des Verfahrens der Verabschiedung von Richtlinien (dazu oben 2.) die jeweils aktuellen wissenschaftlichen Erkenntnisse zu Behandlungsmethoden usw. zu untersuchen und daraus eine Handlungsorientierung in positiver oder negativer Hinsicht abzuleiten. Dadurch wird das wissenschaftliche Wissen erstens leichter verfügbar gemacht und zweitens die wissenschaftliche Fundierung der Gesundheitsversorgung in den erfassten Bereichen abgesichert.

Dieses theoretische Fundament findet seine „nüchterne" rechtliche Verankerung in § 2 Abs. 1 S. 3 SGB V, wenn es dort in Bezug auf die Aufgaben der Gesundheitsversorgung heißt:

> „Qualität und Wirksamkeit der Leistungen haben dem allgemein anerkannten Stand der medizinischen Erkenntnisse zu entsprechen und den medizinischen Fortschritt zu berücksichtigen."

Auch in der Rechtsprechung des Bundessozialgerichts spiegelt sich dieses Verständnis wider, wenn das Gericht in Bezug auf den Erlass von Richtlinien durch den Gemeinsamen Bundesausschuss formuliert:

> „Den Qualitätskriterien des § 2 Abs. 1 S. 3 SGB V schließlich entspricht eine Behandlung, wenn die "große Mehrheit der einschlägigen Fachleute (Ärzte, Wissenschaftler)" die Behandlungsmethode befürwortet und von einzelnen, nicht ins Gewicht fallenden Gegenstimmen abgesehen, über die Zweckmäßigkeit der Therapie Konsens besteht. Dieses setzt im Regelfall voraus, dass über Qualität und Wirksamkeit der Methode zuverlässige, wissenschaftlich nachprüfbare Aussagen gemacht werden können. Der Erfolg muss sich aus wissenschaftlich einwandfrei durchgeführten Studien über die Zahl der behandelten Fälle und die Wirksamkeit der Methode ablesen lassen. Die Therapie muss in einer für die sichere Beurteilung ausreichenden Zahl von Behandlungsfällen erfolgreich gewesen sein (BSG SozR 4–2500 § 18 Nr 5 RdNr 22, 24ff mwN; BSG SozR 3–2500 § 92 Nr 12 S 71; BSG SozR 3–2500 § 18 Nr 6 S 23; vgl auch BSG SozR 4–2500 § 33 Nr 38 RdNr 21 für den Bereich Hilfsmittel). Als Basis für die Herausbildung eines Konsenses können alle international zugänglichen einschlägigen Studien dienen; in ihrer Gesamtheit kennzeichnen sie den Stand der medizinischen Erkenntnisse (BSG SozR 4–2500 § 18 Nr 5 RdNr 29)."[85]

---

[84] Zu den verschiedenen Ebenen und Verständnissen von Wissen siehe vertiefend *Stehr*, S. 31ff. unter Bezugnahme auf die grundlegenden Arbeiten von *Francis Bacon* zur Relevanz von Wissen für die Machtausübung; exemplarisch *Kluth*, in: Hilgendorf/Beck, S. 139ff.

[85] BSG, Urteil vom 21.03.2013 – B 3 KR 2/12 R, BeckRS 70811, Rn. 12.

Es ist gerade die Aufgabe des Richtlinienerlasses, diesen Erkenntnisschritt für die verschiedenen Bereiche der Gesundheitsleistungen zu vollziehen und in verbindlicher Form den zuständigen Leistungserbringern als Entscheidungs- und Handlungsmaßgabe im Einzelfall zu vermitteln.

Die Tätigkeit des Gemeinsamen Bundesausschusses knüpft damit an die klassische Grundsatzentscheidung des Gesetzgebers an, die ärztliche Versorgung, aber auch die sonstigen Leistungen im Gesundheitswesen auf einer akademischen, d. h. wissenschaftlich fundierten Berufsqualifikation erbringen zu lassen. Dabei strahlt die herausgehobene Qualifikation der Ärzteschaft durch das Verordnungsrecht auf die weiteren Berufe aus und prägt das System über den engeren Bereich der ärztlichen Tätigkeit hinaus, indem auch das Handeln der anderen Gesundheitsberufe in einem Kernbereich gesteuert wird.

Da die akademische Fundierung der ärztlichen Tätigkeit trotz der berufsrechtlich verankerten Fort- und Weiterbildungspflichten angesichts der großen Fülle wissenschaftlicher Erkenntnisse keine ausreichende Absicherung der Handlungsqualität auf individueller Ebene ermöglicht, hat es sich als sinnvoll und folgerichtig erwiesen, durch den Erlass von Richtlinien auf der Grundlage der Erkenntnisse der evidenzbasierten Medizin eine qualifizierte „Informationsbereitstellung" durch das Medium der Richtlinien zu gewährleisten.[86]

Der Richtlinienerlass durch den Gemeinsamen Bundesausschuss übernimmt somit die Funktion einer institutionalisierten Wissensvermittlung auf akademischem Niveau in Bezug auf die im Gesundheitswesen tätigen Akteure.[87]

Grundsätzlich könnte eine solche qualifizierte Wissensgenerierung natürlich auch durch die privatrechtlichen Fachgesellschaften der verschiedenen ärztlichen Fachrichtungen erfolgen. In Gestalt der Leitlinien entfalten die Fachgesellschaften auch seit vielen Jahren entsprechende Aktivitäten.[88] Im Rahmen der AWMF hat sich für diesen Bereich auch ein besonderes Validierungsverfahren entwickelt, das in Gestalt einer Leitlinien-Leitlinie der Qualitätssicherung dient.

Dass der Gesetzgeber darüber hinausgehend den Gemeinsamen Bundesausschuss mit der Aufgabe betraut hat, Richtlinien zu erlassen, hat vor allem zwei Gründe. Erstens kann eine verbindliche Rechtskonkretisierung im Rahmen des SGB V nur durch staatlich verantwortete Rechtsetzung in einer demokratisch ausreichend legitimierten Form erfolgen. Und zweitens kommt der Wissensgenerierung durch den Staat bzw. eine zu diesem Zweck gebildete Verwaltungsorganisation auch unter dem

[86] Dieser Zweckrichtung entspricht der Wortlaut des § 92 Abs.1 Satz 1 SGB V: „...beschließt die zur *Sicherung der ärztlichen Versorgung erfoderlichen Richtlinien über die Gewähr* für eine ausreichende, zweckmäßige und wirtschaftliche Versorgung der Versicherten, ...".

[87] Eine „Akademisierung" weiterer Gesundheitsberufe wird u. a. durch den Wissenschaftsrat gefordert: Wissenschaftsrat, Empfehlungen zu hochschulischen Qualifikationen für das Gesundheitswesen, 2012. Siehe exemplarisch *Kluth*, Rechtliche Rahmenbedingungen, 2008; *ders.*, MedR 2010, 372 ff.

[88] Zu dieser Praxis näher *Hart*, Ärztliche Leitlinien, 2005.

Blickwinkel der besonderen Rechtsbindungen eine andere Qualität zu. Dies betrifft die besonderen Pflichten zu Gemeinwohlbindung, denen die Mitglieder des Beschlussgremiums sowie der Unterausschüsse beim Gemeinsamen Bundesausschuss trotz der Orientierung an unterschiedlichen Ausgangsinteressen[89] unterliegen, sowie den gerichtlichen Kontrollmöglichkeiten, die in Bezug auf Leitlinien der Fachgesellschaften nicht in gleicher Weise bestehen.

Die an mehreren Stellen vorgesehenen verfahrensrechtlichen Vorkehrungen zur Sicherstellung ausreichender (Dritt-)Betroffenenpartizipation (vgl. § 92 Abs.3a, 5, 6,7, 7a bis d SGB V) gewährleisten überdies, dass auch die bereichsspezifische Sach- und Fachkunde von außerhalb des Gemeinsamen Bundesausschusses stehenden Sachverständigen bzw. sachverständigen Organisationen angemessen berücksichtigt wird.[90]

Durch die Etablierung des Gemeinsamen Bundesausschusses wird damit ein Verfahren der Wissensgenerierung für den besonders sensiblen Bereich der Krankenversorgung etabliert, das in besonderer Weise geeignet ist, wissenschaftliches Wissen in anwendbares berufspraktisches Wissen zu überführen und zuverlässig und flächendeckend für die betroffenen Akteure des Gesundheitswesens zur Verfügung zu stellen. Dabei wird durch die staatliche Verantwortung dieses Vorgangs eine besondere Qualität und Objektivität der Wissensgenerierung verbürgt. Zugleich wird den berechtigten Rechtsschutzinteressen der betroffenen Personen besser Rechnung getragen als im Falle einer privat-gesellschaftlichen Steuerung.

Dies entspricht auch dem Grundgedanken, der in der Festbetragsentscheidung des BVerfG zum Tragen kommt: Dass der Bundesausschuss in seinen Normen im Wesentlichen ein Wissen zur Verfügung stellt, welches den Normadressaten befähigt, die ihm übertragene gesetzliche Aufgabe (im konkreten Fall die Bestimmung des wirtschaftlichsten Arzneimittels) besser auszuüben.[91]

V. Zwischenergebnis

Der Gesetzgeber hat dem Gemeinsamen Bundesausschuss durch die Begründung eines Selbstverwaltungsrechts einen durch Weisungsfreiheit abgesicherten Gestaltungsspielraum für seine normsetzende Tätigkeit zugewiesen, der ihn einerseits in die Lage versetzt, eigenverantwortliche Wissensgenerierung zu verwirklichen und dabei andererseits wichtige Teilfunktionen einer Regulierungsbehörde wahrzunehmen. Beide Funktionen wurden dem Gemeinsamen Bundesausschuss im Interesse einer wissensbasierten und qualitätsvollen Sicherstellung einer den Vorgaben des § 2 Abs. 1 S. 3 SGB V genügenden Versorgung der Versicherten zugewiesen. An diese Herausarbeitung der spezifischen Funktionen des Gemeinsamen Bundesausschusses

[89] Dazu auch *Neumann*, NZS 2010, 593 (597 f.).

[90] Z.B. § 92 Abs.3a SGB V: Sachverständige der medizinischen Wissenschaft und Praxis.

[91] BVerfGE 106, 275 (306 f.).

können die weiteren verfassungsrechtlichen Überlegungen zu seiner „Legitimation" als mit Normsetzungsaufgaben betrautes Selbstverwaltungsorgan anknüpfen.

C. Die demokratische Legitimation des Gemeinsamen Bundesausschusses vor dem Hintergrund der neueren Rechtsprechung des Bundesverfassungsgerichts

Das Bundesverfassungsgericht hat die dogmatische Ausgestaltung des demokratischen Prinzips vor allem im Hinblick auf den Aspekt der personellen demokratischen Legitimation zunächst für den Bereich der allgemeinen Staatsverwaltung entwickelt (dazu unter 1.). Es hat dann in weiteren Schritten sein Modell erweitert und ausdifferenziert, zunächst für den Bereich der funktionalen Selbstverwaltung (dazu unter 2.) und jüngst auch für weitere Bereiche, für die besondere Formen der Bestellung des Leitungspersonals entwickelt wurden (dazu unter 3.). Auf dieser Grundlage lässt sich auch die hinreichende demokratische Legitimation des Gemeinsamen Bundesausschusses nachweisen (dazu unter 4. bis 7.).

I. Die allgemeine dogmatische Struktur demokratischer Legitimation nach der Rechtsprechung des Bundesverfassungsgerichts zur unmittelbaren Staatsverwaltung

1. Sachliche Reichweite des Legitimationserfordernisses

Das demokratische Prinzip des Art. 20 Abs. 2 GG kommt zur Anwendung bei staatlichen Maßnahmen mit Entscheidungscharakter.[92] Darunter sind insbesondere alle Handlungen zu verstehen, von denen Rechtsfolgen für Private ausgehen.[93] Da die Entscheidungen des Gemeinsamen Bundesausschusses unabhängig von der genauen Einordnung dieses Kriterium ohne jeden Zweifel erfüllen, bedarf sein Handeln einer demokratischen Legitimation.[94]

---

[92] BVerfGE 47, 253 (272 f.); 77, 1 (40); 83, 60 (73); 107, 59 (86 f.) – st. Rspr.

[93] Hier sind vor allem grundrechtsrelevante Maßnahmen zu nennen.

[94] Das entspricht der allgemeinen Ansicht; siehe nur *Butzer/Kaltenborn*, MedR 2001, 333 (336); *Zimmermann*, S. 110 jeweils m.w.N.

2. Legitimationsniveau und Legitimationsinstrumente

Demokratische Legitimation zielt darauf ab, die Volkssouveränität bei der Ausübung der Staatsgewalt wirksam zu sichern.[95] Bereits der Wortlaut des Art. 20 Abs. 2 GG macht deutlich, dass dies in verschiedenen Formen und mit unterschiedlicher Intensität geschehen kann und muss. Neben der unmittelbaren Ausübung der Staatsgewalt durch das Volk (durch Wahlen und Abstimmungen) kommt vor allem den vielfältigen Formen vermittelter Legitimation eine große praktische Bedeutung zu. Im Bereich der öffentlichen Verwaltung kommt dabei der Steuerung durch Gesetz (inhaltliche und organisatorisch-institutionelle demokratische Legitimation) und der Bestimmung der einzelnen Amtswalter (personelle demokratische Legitimation) die größte Bedeutung zu.[96]

Nach der Rechtsprechung des Bundesverfassungsgerichts ist das erforderliche Niveau der demokratischen Legitimation abhängig von der wahrgenommenen Aufgabe, insbesondere ihrer Grundrechtsrelevanz, zu bestimmen. Die bekannteste Form der Konkretisierung dieses Kriteriums stellt die Lehre vom Parlamentsvorbehalt dar.[97]

In der neueren Rechtsprechung wird im maßstabsbildenden Teil der einschlägigen Entscheidungen dazu folgende „Standardaussage" verwendet:

> „Entscheidend ist nicht die Form der demokratischen Legitimation staatlichen Handelns, sondern deren Effektivität; notwendig ist ein bestimmtes Legitimationsniveau (vgl. BVerfGE 83, 60 [72]; 93, 37 [66 f.]; 107, 59 [87]; 130, 76 [124]). Für die Beurteilung, ob ein hinreichendes Niveau an demokratischer Legitimation erreicht wird, haben die verschiedenen Formen der Legitimation nicht je für sich Bedeutung, sondern nur in ihrem Zusammenwirken (vgl. BVerfGE 107, 59 [87]; 130, 76 [124, 128]). Das erforderliche Legitimationsniveau ist abhängig von der Art der zu legitimierenden Entscheidungstätigkeit. Je intensiver die in Betracht kommenden Entscheidungen etwa Grundrechte berühren, desto höher muss das Legitimationsniveau sein (vgl. BVerfGE 93, 37 [72 f.]; 130, 76 [124]; BVerfG, Urteil vom 28. Januar 2014 – 2 BvR 1561/12 u. a. –, EuGRZ 2014, S. 98 [117], Rn. 157)."[98]

Im parlamentarischen Gesetzesbeschluss verbindet sich die hohe personelle demokratische Legitimation des entscheidenden Verfassungsorgans mit der besonderen Funktion des allgemeinen Gesetzes[99] und seiner öffentlichen und allgemeinen Legitimations- und Bindungswirkung für das staatliche Handeln. Die aus Art. 20 Abs. 3 GG folgende Bindung der Verwaltung an das Gesetz ist deshalb zugleich eine wesentliche Grundlage der demokratischen Legitimation des Verwaltungshandelns neben der personellen demokratischen Legitimation.

---

[95] *Kluth*, Funktionale Selbstverwaltung, S. 359.

[96] *Kluth*, Funktionale Selbstverwaltung, S. 357 f. m.w.N.

[97] BVerfGE 61, 260 (275); 88, 103 (116).

[98] BVerfG, B. v. 06. 05. 2014, Az. 2 BvR 1139/12 u. a., Rn. 168.

[99] Dazu vertiefend *Kirchhof*, in: Kluth/Krings, § 4.

Das Grundgesetz verlangt aber keine Detailsteuerung des Verwaltungshandelns durch das Gesetz und zwar aus mehreren, sich ergänzenden Gründen:

- Eine auf alle Details des Verwaltungshandelns erstreckte Normsetzung würde zu einer Überforderung des Parlaments führen und zwar sowohl in Bezug auf die Arbeitslast als auch hinsichtlich des erforderlichen Fachwissens, das in den einzelnen Ministerien zugeordneten Fachverwaltungen vorgehalten wird. Deshalb wird durch das Instrument der Rechtsverordnung (Art. 80 GG) dieser Sachverstand für die technischen Detailregelungen genutzt.[100]
- Damit einher ginge eine zu geringe Flexibilität, da parlamentarische Gesetzgebungsverfahren in der Regel[101] sehr viel mehr Zeit beanspruchen als der Erlass von Rechtsverordnungen. Hinzu kommt, dass bei der Verwendung offener gesetzlicher Regelungen (Ermessenstatbestände, unbestimmte Rechtsbegriffe) der Verwaltung auch ohne „Zwischenschaltung" von Rechtsverordnungen Gestaltungs- und Entscheidungsfreiräume eröffnet werden können.
- Zu beachten sind weiter bedeutsame materiell-rechtliche Aspekte. Allgemeine Gesetze tendieren gerade wegen ihrer Allgemeinheit und der damit verbundenen Notwendigkeit der Verallgemeinerung und Typisierung dazu, Aspekte der Einzelfallgerechtigkeit zu vernachlässigen. Auch insoweit spricht vor allem dort, wo in der Praxis von einer großen Vielfalt von Konstellationen auszugehen ist, auch im Interesse der Sachangemessenheit viel für eine gestufte Normsetzung und Normkonkretisierung unter Einbeziehung der Verwaltung.

Die Verbindung dezentraler Normsetzungs- und Gestaltungsbefugnisse mit besonderen Formen der personellen demokratischen Legitimation schreibt das Grundgesetz in Gestalt der durch Art. 28 Abs. 1 und 2 GG garantierten und näher ausgestalteten kommunalen Selbstverwaltung ausdrücklich vor.[102] Dies macht deutlich, dass auch der Verwaltung eigenständige Gestaltungsräume[103] zugewiesen werden können, die nicht auf detaillierten parlamentsgesetzlichen Vorgaben beruhen.[104]

Für den Bereich der sozialen Selbstverwaltung kann eine vergleichbare Grundentscheidung mit begrenzterer Reich- und Tragweite aus Art. 87 Abs. 3 GG abgeleitet werden (dazu sogleich näher unter Zweiter Teil III. 5.).[105]

---

[100] Zur Rechtsverordnung vertiefend *Uhle*, in: Kluth/Krings, § 24.

[101] Anders verhält es sich, wenn eine Rechtsverordnung der Bundesregierung der Zustimmung des Bundesrats bedarf.

[102] Zu Einzelheiten des verfassungsrechtlichen Konzepts der kommunalen Selbstverwaltung und seiner Garantie *Wolff/Bachof/Stober/Kluth*, § 96, Rn. 46 ff.

[103] Art. 28 Abs. 2 GG spricht von „eigenverantwortlich regeln".

[104] Dass die Aufgaben der kommunalen Selbstverwaltung inzwischen (zu) weitgehend gesetzlich determiniert sind, steht auf einem anderen Blatt.

[105] BVerfGE 107, 59 (86 f.); siehe auch BVerfGE 33, 125 (159). Dazu *Kluth*, Funktionale Selbstverwaltung, S. 346 f.

Die historisch seit dem 19. Jahrhundert gewachsene Vielgestaltigkeit der Verwaltungsaufgaben und der Verwaltungsorganisation in Deutschland wird somit von der Verfassung als bekannt und *grundsätzlich* legitim vorausgesetzt.[106] Das demokratische Prinzip ist nicht nur in der hierarchischen Ministerialverwaltung verwirklicht, sondern steht auch mit den mit begrenzter Autonomie ausgestatteten verschiedenen Spielarten der Selbstverwaltung in Einklang.[107] Auch dort gilt indes, dass ein den zugewiesenen Aufgaben entsprechendes Legitimationsniveau verwirklicht werden muss.

An dieser Stelle setzt die seit vielen Jahren geführte Diskussion an, welche Formen und Instrumente demokratischer Legitimation anzuerkennen sind und welche Legitimationswirkung von ihnen ausgeht. Insbesondere geht es dabei um die Frage, ob in verschiedenen Formen der Selbstverwaltung auf eine personelle demokratische Legitimation *vollständig* verzichtet werden kann.

3. Kein vollständiger Verzicht auf personelle demokratische Legitimation

Zu den im Zusammenhang mit der demokratischen Legitimation der Träger funktionaler Selbstverwaltung besonders umstrittenen Fragen gehört die Reichweite der mindestens erforderlichen personellen demokratischen Legitimation. Während einige Stimmen einen vollständigen Verzicht auf die personelle demokratische Legitimation für möglich und rechtfertigungsfähig halten, lässt die Gegenansicht einen solchen vollständigen Verzicht nicht zu. Bei genauerer Betrachtung geht es dabei jedoch um die Frage, *welche Formen bzw. Quellen* der personellen demokratischen Legitimation zugelassen werden.[108] Ist man mit *Böckenförde* u. a. der Ansicht, dass diese nur durch *individuelle* Ernennungsketten vom Staatsvolk abgeleitet werden kann[109], so scheidet eine personelle demokratische Legitimation der funktionalen Selbstverwaltung weitgehend aus. Lässt man aber auch eine mitgliedschaftliche oder *kollektive* personelle demokratische Legitimation zu, so er-

---

[106] Dabei ist auch zu beachten, dass das demokratische Prinzip in der Selbstverwaltung früher umgesetzt wurde als auf der gesamtstaatlichen Ebene. Dies gilt sowohl für die kommunale als auch für die funktionale Selbstverwaltung.

[107] Vertiefend *Kluth*, in: Schnapp, S. 17 ff.

[108] Ausgeschlossen ist heute wohl die u. a. von *Emde*, S. 387 ff. vertretene Position, wonach es sich bei den Mitgliedern von Trägern funktionaler Selbstverwaltung, dem Verbandsvolk, um ein originäres Legitimationssubjekt handelt. Dazu *Kluth*, Funktionale Selbstverwaltung, S. 356; *Zimmermann*, S. 122 ff.; ausführlich dazu auch *Jestaedt*, Demokratieprinzip und Kondominialverwaltung, S. 213 ff.

[109] *Böckenförde*, in: Isensee/Kirchhof, HStR II, § 24, Rn. 29 ff.; *Axer*, S. 298.

geben sich größere Gestaltungsspielräume.[110] Diesem Aspekt muss deshalb besondere Aufmerksamkeit geschenkt werden.

Die Aussagen des Bundesverfassungsgerichts in der Entscheidung zur Emschergenossenschaft und Lippeverband[111] (Wasserverbandsentscheidung) verhalten sich zu dieser Frage nicht explizit. Sie lassen aber erkennen, dass das Bundesverfassungsgericht von verschiedenen Formen der Ausgestaltung der demokratischen Legitimation spricht und im Bereich der personellen demokratischen Legitimation im Bereich der funktionalen Selbstverwaltung andere Formen zulässt, als diese im Bereich der unmittelbaren Staatsverwaltung umgesetzt werden. Diese müssen zudem durch den Gesetzgeber hinreichend bestimmt ausgestaltet sein und dem Zweck entsprechen, der für die Wahl der Selbstverwaltung ausschlaggebend war.[112] Dies spricht gegen die Möglichkeit eines *völligen* Verzichts auf personelle demokratische Legitimation und für die Zulässigkeit einer gesetzlichen Ausgestaltung verschiedener personeller Legitimationsmodelle, insbesondere einer kollektiven und mitgliedschaftlichen Form personeller demokratischer Legitimation[113] sowie vergleichbarer Formen mit Mitwirkung Dritter an der Bestellung des Leitungspersonals. Dazu finden sich auch in der neueren Rechtsprechung des Bundesverfassungsgerichts, die anschließend dargestellt wird, ergänzende Hinweise.

II. Modifizierte Anforderungen an die demokratische Legitimation in der funktionalen Selbstverwaltung

Eine bedeutsame Weiterentwicklung in seiner expliziten methodisch-dogmatischen Formulierung hat das demokratische Prinzip für den Bereich der funktionalen Selbstverwaltung in der Entscheidung des Bundesverfassungsgerichts vom 05.12. 2002 erfahren, die einen Wasserverband betraf. Das Bundesverfassungsgericht knüpft in dieser Entscheidung einerseits eng an seine frühe Rechtsprechung zu verschiedenen Trägern funktionaler Selbstverwaltung an. Die zumeist auf stichwortartige Formeln und ergebnisbezogene Feststellungen beschränkten Aussagen in diesen Entscheidungen werden durch das Gericht jedoch einer expliziteren dogmatischen Begründung und Einordnung unterzogen. Auch wenn diese nicht in allen Einzelheiten letzte Klarheit schafft und ihrerseits Gegenstand kritischer Anmerkungen war[114], stellte sie die Debatte auf eine neue und deutlich tragfähigere

[110] So *Kluth*, Funktionale Selbstverwaltung, S. 369 ff.; *Groß*, DVBl. 2002, 1182 (1183); *Unruh*, VerwArch 91 (2001), 531 (547 ff.); *Zimmermann*, S. 129 ff. m.w.N. Siehe auch BSGE 94, 50 (74).

[111] BVerfGE 107, 59 ff.

[112] BVerfGE 107, 59 (93).

[113] So auch *Zimmermann*, S. 129 ff.

[114] Siehe etwa *Jestaedt*, JuS 2004, 649 (651 ff.); *ders.*, in: Kluth, Jahrbuch 2003, S. 9 ff.

Grundlage, deren wesentliche Elemente im Folgenden schrittweise verdeutlicht werden sollen.

1. Die Betonung des Prinzipiencharakters des Art. 20 Abs. 2 GG

Dass es sich beim demokratischen Prinzip um ein „Prinzip" handelt, klingt auf den ersten Blick banal. Dahinter steht aber die rechtsdogmatische Frage, ob aus Art. 20 Abs. 2 GG strikte Regelanforderungen ableitbar sind, die der Gesetzgeber in jedem Fall zu beachten hat, oder ob die Norm dem Gesetzgeber einen weiten Gestaltungs- und Konkretisierungsspielraum eröffnet, wie er demokratische Legitimation „organisiert". Die Fragestellung hat dadurch eine besondere Bedeutung im vorliegenden Zusammenhang erhalten, weil Teile der Literatur das vom Bundesverfassungsgericht für den Bereich der Ministerialverwaltung entwickelte Legitimationsmodell als für den Gesetzgeber verbindliche Regel verstanden haben mit der Folge, dass auch die funktionale Selbstverwaltung ihm zu genügen hat. Diesem eher engen Verständnis hat das Bundesverfassungsgericht in seiner Wasserverbandsentscheidung eine deutliche Absage erteilt, indem es ausführt:

> „Art. 20 Abs. 2 GG enthält eine Staatszielbestimmung und ein Verfassungsprinzip. Aufgrund seines Prinzipiencharakters ist Art. 20 Abs. 2 GG entwicklungsoffen. Das „Ausgehen der Staatsgewalt" vom Volk muss für das Volk wie auch die Staatsorgane jeweils konkret erfahrbar und praktisch wirksam sein. Bei veränderten Verhältnissen können Anpassungen notwendig werden (vgl. Herzog, in: Maunz/Dürig, Grundgesetz Kommentar, Art. 20 II., Rn. 36; Dreier, Grundgesetz Kommentar, Bd. II, Art. 20 [Einführung], Rn. 10). Außerhalb der unmittelbaren Staatsverwaltung und der in ihrem sachlich-gegenständlichen Aufgabenbereich nicht beschränkten gemeindlichen Selbstverwaltung ist das Demokratiegebot offen für andere, insbesondere vom Erfordernis lückenloser personeller demokratischer Legitimation aller Entscheidungsbefugten abweichende Formen der Organisation und Ausübung von Staatsgewalt. Eine solche Interpretation des Art. 20 Abs. 2 GG ermöglicht es zudem, die im demokratischen Prinzip wurzelnden Grundsätze der Selbstverwaltung und der Autonomie (vgl. BVerfGE 33, 125 [159]) angemessen zur Geltung zu bringen. Im Rahmen der repräsentativ verfassten Volksherrschaft erlaubt das Grundgesetz auch besondere Formen der Beteiligung von Betroffenen bei der Wahrnehmung öffentlicher Aufgaben."[115]

Diese Entscheidung hat auch die Kommentarliteratur zu Art. 20 Abs. 2 GG maßgeblich beeinflusst, die heute ganz überwiegend von der Vereinbarkeit der funktionalen Selbstverwaltung mit dem demokratischen Prinzip ausgeht, wobei Unterschiede in den argumentativen Einzelheiten fortbestehen.[116]

---

[115] BVerfGE 107, 59 (91). Daran anknüpfend BSGE 94, 50 (74).

[116] *Huster/Rux*, in: Epping/Hillgruber, Art. 20, Rn. 99 fff. (Stand 1.3.2015); *Gärditz*, in: Friauf/Höfling, Art. 20, Rn. 166 (Stand I/2011); *Sommermann*, in: v. Mangoldt/Klein/Starck, Art. 20 Abs. 2, Rn. 182; *Grzeszick*, in: Maunz/Dürig, Art. 20, Rn. 178 ff. (Stand Januar 2010); *Dreier*, in: ders., Art. 20 (D), Rn. 131; *Mann*, in: Isensee/Kirchhof, HStR VI, § 146, Rn. 29; *Robbers*, in: Kahl/Waldhof/Walter, Art. 20, Rn. 770 ff. (Stand Juli 2010).

2. Selbstverwaltung und Demokratie

Das Bundesverfassungsgericht knüpft in seiner weiteren Argumentation an seine bisherige Rechtsprechung an, die ohne vertiefende Begründung von der grundsätzlichen Vereinbarkeit von Demokratie und Selbstverwaltung ausgeht. Es belässt es aber nicht bei der schlichten „Behauptung", sondern „erklärt" genauer, worin die Bedeutung der funktionalen Selbstverwaltung für die Verwirklichung des demokratischen Prinzips besteht:

> „Die funktionale Selbstverwaltung ergänzt und verstärkt insofern das demokratische Prinzip. Sie kann als Ausprägung dieses Prinzips verstanden werden, soweit sie der Verwirklichung des übergeordneten Ziels der freien Selbstbestimmung aller (vgl. BVerfGE 44, 125 [142]; Emde, Die demokratische Legitimation der funktionalen Selbstverwaltung, 1991, S. 356 f.) dient. Demokratisches Prinzip und Selbstverwaltung stehen unter dem Grundgesetz nicht im Gegensatz zueinander. Sowohl das Demokratieprinzip in seiner traditionellen Ausprägung einer ununterbrochen auf das Volk zurückzuführenden Legitimationskette für alle Amtsträger als auch die funktionale Selbstverwaltung als organisierte Beteiligung der sachnahen Betroffenen an den sie berührenden Entscheidungen verwirklichen die sie verbindende Idee des sich selbst bestimmenden Menschen in einer freiheitlichen Ordnung (Art. 1 Abs. 1 GG; dazu auch Maihofer, in: Benda/Maihofer/Vogel, Handbuch des Verfassungsrechts der Bundesrepublik Deutschland, 2. Aufl., 1994, S. 490 ff.). Das demokratische Prinzip des Art. 20 Abs. 2 GG erlaubt deshalb, durch Gesetz -also durch einen Akt des vom Volk gewählten und daher klassisch demokratisch legitimierten parlamentarischen Gesetzgebers – für abgegrenzte Bereiche der Erledigung öffentlicher Aufgaben besondere Organisationsformen der Selbstverwaltung zu schaffen."

Anknüpfend an die Rückführung der demokratischen Idee auf den Gedanken der Selbstbestimmung wird verdeutlicht, dass unterhalb der allgemeinen staatlichen Ebene dieser Grundgedanke auch alternativ verwirklicht werden kann. Dabei werden drei Dichotomien entwickelt:

Der Allgemeinheit und Distanz, die für parlamentarische Gesetzgebung prägend sind[117], wird die Sachnähe (bzw. Betroffenheit) als prägendes Prinzip der Selbstverwaltung gegenübergestellt. Daraus folgt, dass es keine allgemeine Zuständigkeit geben kann, sondern nur eine Zuständigkeit für thematisch klar abgegrenzte Bereiche. Dieser Vorgabe korrespondiert auch das „spezialpolitische Mandat" der Selbstverwaltungsträger im Gegensatz zum allgemeinpolitischen Mandat der Parlamente.[118]

Schließlich wird verdeutlicht, dass die Selbstverwaltung jeweils in besonderen Organisationsformen (Plural) verwirklicht werden kann, wobei die Organisationsform der Eigenart der in Selbstverwaltung zu erfüllenden Aufgabe entsprechen muss.

---

117 Dazu vertiefend *Kirchhof*, Die Allgemeinheit des Gesetzes, 2009.

118 *Eisenmenger*, in: Kluth, Handbuch, § 8, Rn. 72.

Dem hat der Gesetzgeber dadurch Rechnung getragen, dass je nach Aufgabentyp unterschiedliche Ausgestaltungen der Selbstverwaltung entwickelt wurden.[119]

3. Verschiedene Ausprägungen der funktionalen Selbstverwaltung

In seiner Wasserverbandsentscheidung hat das Bundesverfassungsgericht zwei unterschiedliche Zielrichtungen bei der Ausgestaltung der funktionalen Selbstverwaltung besonders herausgearbeitet und dadurch auch einen Beitrag zur Typologie dieser Verwaltungsform sowie zu ihren besonderen Funktionen geleistet. Zur Finalität der Errichtung von Trägern funktionaler Selbstverwaltung führt das Gericht aus:

„Dadurch darf zum einen ein wirksames Mitspracherecht der Betroffenen geschaffen und verwaltungsexterner Sachverstand aktiviert werden. Mit der Übertragung der Wahrnehmung öffentlicher Aufgaben in Formen der Selbstverwaltung darf der Gesetzgeber zum anderen das Ziel verfolgen, einen sachgerechten Interessenausgleich zu erleichtern, und so dazu beitragen, dass die von ihm beschlossenen Zwecke und Ziele effektiver erreicht werden (vgl. BVerfGE 37, 1 [26 f.]; vgl. auch Unruh, VerwArch. 92 [2001], S. 531 [536 f., 554]). Gelingt es, die eigenverantwortliche Wahrnehmung einer öffentlichen Aufgabe mit privater Interessenwahrung zu verbinden, so steigert dies die Wirksamkeit des parlamentarischen Gesetzes. Denn die an der Selbstverwaltung beteiligten Bürger nehmen die öffentliche Aufgabe dann auch im wohlverstandenen Eigeninteresse wahr; sie sind der öffentlichen Gewalt nicht nur passiv unterworfen, sondern an ihrer Ausübung aktiv beteiligt.

Wählt der parlamentarische Gesetzgeber für bestimmte öffentliche Aufgaben die Organisationsform der Selbstverwaltung, so darf er keine Ausgestaltung vorschreiben, die mit dem Grundgedanken autonomer interessengerechter Selbstverwaltung einerseits und effektiver öffentlicher Aufgabenwahrnehmung andererseits unvereinbar wäre. Deshalb müssen die Regelungen über die Organisationsstruktur der Selbstverwaltungseinheiten auch ausreichende institutionelle Vorkehrungen dafür enthalten, dass die betroffenen Interessen angemessen berücksichtigt und nicht einzelne Interessen bevorzugt werden (vgl. BVerfGE 37, 1 [27 f.]; Groß, Das Kollegialprinzip in der Verwaltungsorganisation, 1999, S. 251 f.).“[120]

Während in der ersten Variante, die unter anderem in den Kammerorganisationen und den Hochschulen anzutreffen ist, die aktive mitgliedschaftliche Partizipation prägend wirkt, ist der zweite Typus durch den Interessenausgleich und die damit verbundene Steigerung der Rechtsdurchsetzung verbunden. Gemeinsam ist beiden Formen, dass die Mitglieder bzw. Organwalter auf Grund ihres spezifischen Sachverstandes für die Aufgabenerfüllung „herangezogen“ werden.

Unternimmt man den Versuch einer ersten, vorläufigen Zuordnung, so ist der Gemeinsame Bundesausschuss eher dem zweiten Typ zuzuordnen, ohne allerdings auf den ersten Blick eine *typische* Erscheinungsform einer interessenausgleichenden

[119] Siehe dazu näher die *Typologie* der Träger funktionaler Selbstverwaltung bei *Kluth*, Funktionale Selbstverwaltung, S. 217 ff.

[120] BVerfGE 107, 59 (91 ff.).

Organisation darzustellen. Im Vordergrund steht die Nutzung des in den Organisationen vorhandenen Sachverstandes, der interessenausgleichend für die dem Gemeinsamen Bundesausschuss zugewiesene Normsetzungsaufgabe genutzt werden soll.

Die letztere Charakterisierung entspricht den Erkenntnissen, die sich aus der Betrachtung der Entwicklungsgeschichte der gemeinsamen Selbstverwaltung ergeben haben.[121] Genauer zu betrachten ist indes das Konzept des Interessenausgleichs und seine Weiterentwicklung im Laufe der Zeit.

Im allgemeinen politischen und wirtschaftlichen Leben führt der Ausgleich von unterschiedlichen Interessen zum Kompromiss. Dieser ist dadurch gekennzeichnet, dass alle an der Entscheidung Beteiligten im Interesse einer Einigung auf eine vollständige Durchsetzung eigener Interessen verzichten. Unterstellt man dabei, dass die vertretenen Positionen aus dem Blickwinkel der jeweils präferierten Interessen konsistent formuliert und begründet waren, so führt der Kompromiss notwendigerweise zu einer Position, der es an Konsistenz und Stimmigkeit fehlt. Ein Kompromiss kann deshalb nur im Hinblick auf übergeordnete Zielsetzungen als „vernünftig" bezeichnet werden. In Bezug auf die Begründung der getroffenen Entscheidung ist er demgegenüber in der Regel durch eine geringere innere Schlüssigkeit gekennzeichnet. Die damit verbundene „Problematik" wird am Beispiel der Entscheidung des Bundesverfassungsgerichts zum Nichtraucherschutz deutlich.

In dieser Entscheidung hat das Bundesverfassungsgericht die Entscheidung des Landes Baden-Württemberg, im Interesse der Berücksichtigung von wirtschaftlichen Interessen Ausnahmen vom Gebot der strikten Trennung von Rauchern und Nichtrauchern für sog. „Eckkneipen"[122] zuzulassen, mit der Begründung für verfassungswidrig erklärt, dass es sich dabei um eine nicht folgerichtige Entscheidung handle:

> „Entscheidet sich der Gesetzgeber wegen des hohen Rangs der zu schützenden Rechtsgüter für ein striktes Rauchverbot, so müssen hiervon auch solche Gaststätten nicht ausgenommen werden, die aufgrund der geringen Zahl der Gästeplätze der Kleingastronomie zuzurechnen sind und deren Angebot durch den Ausschank von Getränken geprägt ist („Eckkneipen")."[123]

Damit setzt das Gericht dem für politische Mehrheitsfindung in vielen Fällen unverzichtbaren Kompromiss im Interesse einer Vermeidung der Minderung von Rationalität eine Grenze. Es verlangt vom Gesetzgeber ein bestimmtes Maß an Folgerichtigkeit[124] seines Handelns. Wird dieser Rahmen überschritten, so kann dies zur Verfassungswidrigkeit eines Gesetzes führen.[125]

---

[121] Siehe oben Erster Teil A. I. 2.

[122] Kleine Gastronomiebetriebe einer bestimmten Höchstgröße, bei denen der Getränkekonsum im Vordergrund steht.

[123] BVerfGE 121, 317 (357 f.).

[124] Zum Postulat der Folgerichtigkeit BVerfGE 122, 210 (241 ff.).

Allerdings hat diese Grenzziehung auch innerhalb des Bundesverfassungsgerichts nicht nur Zustimmung erfahren, wie die abweichende Meinung des Richters Bryde deutlich macht, der dem Kompromiss und damit dem Interessenausgleich eine größere Bedeutung schenken will:

„Das Bundesverfassungsgericht hat dem Gesetzgeber bei der Regelung der Berufsausübung mit Recht in ständiger Rechtsprechung einen weiten Spielraum eingeräumt, der auch notwendig ist, will es nicht zum Ersatzgesetzgeber werden. Das gilt besonders beim Schutz von wichtigen Gemeinschaftsgütern – und mit Leben und Gesundheit stehen hier die wichtigsten auf dem Spiel -, bei dem der Gesetzgeber von Verfassungs wegen ohnehin schon zwischen Untermaßverbot hinsichtlich einer möglichen Verletzung der Schutzpflicht und Übermaßverbot hinsichtlich der durch die Regelung Betroffenen eingeklemmt ist. Davon weicht die Mehrheit im vorliegenden Fall ab. Dabei wäre das Festhalten an einem weiten Spielraum gerade hier wichtig. Eine gesetzliche Reform wie der Nichtraucherschutz – aber Vergleichbares ließe sich für viele Fälle aktueller Reformbemühungen im Verbraucher-, Umwelt- und Gesundheitsschutz sagen – ist ein politischer Kraftakt, bei dem der Gesetzgeber massivsten Widerständen mächtiger Lobbys ausgesetzt ist. Welche Widerstände zu überwinden waren, zeigt sich schon daran, dass die Bundesrepublik Deutschland im Nichtraucherschutz ein Nachzügler in Westeuropa ist. Unter solchen Bedingungen wird im ersten Anlauf häufig nur ein mehr oder weniger durchlöcherter Kompromiss möglich sein – und Kompromiss ist geradezu Wesensmerkmal demokratischer Politik. Das Bundesverfassungsgericht darf keine Folgerichtigkeit und Systemreinheit einfordern, die kein demokratischer Gesetzgeber leisten kann. Zwingt man den Gesetzgeber unter solchen politischen Rahmenbedingungen in ein alles oder nichts, indem man ihm zwar theoretisch eine – politisch kaum durchsetzbare – Radikallösung erlaubt, aber Ausnahmen und Unvollkommenheiten benutzt, die erreichten Fortschritte zu kassieren, gefährdet das die Reformfähigkeit von Politik.“[126]

An dieser Argumentation wird deutlich, dass Normsetzung nicht ausschließlich auf konsistenter Begründung beruht, sondern dass auch der Aspekt der Durchsetzbarkeit und der Akzeptanz von erheblicher Relevanz ist. Auch wenn das Bundesverfassungsgericht in seiner Entscheidung zum Nichtraucherschutz den Anforderungen der Rationalität den Vorrang eingeräumt hat, bedeutet dies nicht, dass den anderen Gesichtspunkten kein hohes Gewicht zukommt. Vielmehr kommt es darauf an, beiden Gesichtspunkten die größtmögliche Wirksamkeit zu verleihen.

Genau diesem Ziel dienen die verschiedenen Konstruktionsformen der funktionalen Selbstverwaltung. Durch die „Nutzung“ des in den Berufsgruppen und Organisationen vorhandenen Sachverstandes und Fachwissens wird einerseits die Wissensgenerierung im Prozess der Normsetzung optimiert und andererseits durch die Mitwirkung aller maßgeblichen Adressaten der Normen an deren Generierung die Akzeptanz und Durchsetzung der erlassenen Normen verbessert. Damit werden zugleich Steuerungsqualität und Steuerungsintensität der Normen erhöht.

---

[125] BVerfGE 121, 317 (357 f.).

[126] BVerfGE 121, 317 (380 f.) – abweichende Meinung des Richters *Bryde*.

Dies entspricht auch dem Verständnis, das von Beginn an die Entwicklung der funktionalen Selbstverwaltung bestimmt hat. Für diese Entwicklung war entscheidend, dass durch die Beteiligung der verschiedenen Betroffenengruppen die zu regelnden Gegenstände durch die Vermehrung von Sachverstand und die Vereinigung unterschiedlicher Blickwinkel (Interessen) besser erfasst bzw. verstanden werden können und dass dadurch eine bessere Grundlage für gute Entscheidungen geschaffen werden kann. Es ging immer darum, den in den beteiligten Gruppen vorhandenen Sachverstand, der durch die gruppenspezifischen Interessen bestimmt ist, für eine Organisation und ein gemeinsam getragenes Verfahren zu nutzen, das auf bestmögliche Erkenntnis ausgerichtet ist. Diese Ausrichtung kann sowohl für die Berufs- und Wirtschaftskammern als auch für die soziale Selbstverwaltung als durchgehendes Handlungsmotiv nachgewiesen werden. Es handelt sich deshalb um Organisationsformen, die spezifisch der Verbesserung der Wissensgenerierung sowohl in Bezug auf die von ihnen selbst zu treffenden Entscheidungen als auch in Bezug auf die Entscheidung anderer staatlicher Stellen, die von ihnen beraten werden, dienen.[127]

Diesem Zweck dient auch die Organisation des Gemeinsamen Bundesausschusses, vor allem in seiner heutigen Form der Ausgestaltung, bei der durch die Unterstützungsfunktion des IQWiG und des IQTiG die institutionellen Rahmenbedingungen der Wissensgenerierung noch einmal verbessert wurden. Darauf weist zutreffend *Rixen* in seinen Überlegungen zur Beziehung des Gemeinsamen Bundesausschusses zum IQWiG hin, wenn er ausführt:

> „Angesichts der Komplexität gesundheitsbezogenen Wissens ist es im hohen Maße problemadäquat, eine Organisationseinheit zu schaffen, die bereichspezifisches knowledge management betreibt. (…) Das IQWiG hat demgemäß eine sachverständige Aufgabe. (…) Als sachverständige rechtlich verselbständigte Funktionseinheit des G-BA wirkt das IQWiG als eine Art institutionelle Beliebigkeitshemmung. Es führt in die von widerstreitenden Interessen geprägte Arbeit des G-BA einen objektivierenden Fachlichkeitsinput ein, der potentiell konfliktminimierend, weil meinungsrelativierend und damit konsensfördernd wirken soll."[128]

Rixen ergänzt zudem:

> „Solche Funktionseinheiten sind im Sozialversicherungsrecht dem Grunde nach nichts Neues."

Er verweist dazu auf das Institut für Arbeitsmarkt und Berufsforschung (IAB) der Bundesagentur für Arbeit, dem ebenfalls die sachverständige Vorbereitung von Entscheidungen der Bundesagentur zugewiesen ist und macht damit deutlich, dass der Gesetzgeber an eine bereits etablierte und bewährte Vorgehensweise anknüpft.

---

[127] Dazu näher *Kluth*, in: Spiecker genannt Döhmann/Collin, S. 73 ff.

[128] *Rixen*, MedR 2008, 24 (26 f.).

4. Vereinbarkeit mit den Vorgaben des Bundesverfassungsgerichts an die Ausgestaltung der funktionalen Selbstverwaltung

Vor diesem Hintergrund kann auch besser beurteilt werden, ob die gesetzlichen Regelungen zum Gemeinsamen Bundesausschuss den Anforderungen entsprechen, die das Bundesverfassungsgericht an die Ausgestaltung der Träger funktionaler Selbstverwaltung gestellt hat:

> „Die Auswahl der auf Organisationseinheiten der Selbstverwaltung zu übertragenden Aufgaben und die Regelung der Strukturen und Entscheidungsprozesse, in denen diese bewältigt werden, stehen weitgehend im Ermessen des Gesetzgebers (vgl. BVerfGE 10, 89 [102, 104]; s. auch BVerfGE 37, 1 [26]). Es wird sich überwiegend um überschaubare Aufgabenbereiche handeln, bei denen die Erledigung durch Organisationseinheiten der Selbstverwaltung historisch überkommen ist und sich traditionell bewährt hat. Von einer Übertragung ausgeschlossen sind diejenigen öffentlichen Aufgaben, die der Staat selbst durch seine eigenen Behörden als Staatsaufgaben im engeren Sinne wahrnehmen muss (vgl. BVerfGE 38, 281 [299]).“[129]

Es sollten demnach ein „überschaubarer Aufgabenbereich“ und ein Sachbereich vorliegen, in Bezug auf den sich die Organisationsform Selbstverwaltung in anderen Fällen „bewährt“ hat und für die aus der Verfassung keine zwingende Zuweisung an die unmittelbare Staatsverwaltung abzuleiten ist.

a) Merkmal „überschaubarer Aufgabenbereich“

Das Erfordernis eines überschaubaren Aufgabenbereichs ist im vorliegenden Zusammenhang so zu verstehen, dass erstens bei der gesetzlichen Aufgabenzuweisung zum Zweck der Normsetzung eine thematische Begrenzung vorgenommen wird, wie sie auch für andere Fälle der Rechtsetzungsdelegation in Art. 80 GG verlangt wird.[130] Zweitens muss bei der Bestimmung des Aufgabenbereichs darauf geachtet werden, dass dieser dem spezifischen Sachverstand entspricht, der in der betreffenden Organisation vorhanden ist und für die Aufgabenerfüllung genutzt werden soll. Die Verknüpfung beider Merkmale führt unter anderem bei den Berufskammern zu einer gut nachvollziehbaren Begrenzung des Aufgabenbereichs, indem ein Bezug zur Berufssphäre des jeweiligen Berufs bestehen muss.

Dem Gemeinsamen Bundesausschuss sind durch Gesetz Aufgaben zugewiesen, die auf einer ersten Stufe insoweit abgegrenzt sind, als sie sämtlich auf das Gesundheitswesen bzw. die Erbringung von Gesundheitsdienstleistungen im Rahmen der Gesetzlichen Krankenversicherung bezogen sind. Da es sich bei den Gesundheitsdienstleistungen um ein sehr weites thematisches Spektrum handelt, würde

---

[129] BVerfGE 107, 59 (93).

[130] Art. 80 GG ist auf die Rechtsetzungsdelegation an Träger der Selbstverwaltung zwar nicht direkt anwendbar. Da seine wertenden Kriterien aber letztlich aus dem demokratischen Prinzip folgen, sind seine Grundgedanken auch in diesem Bereich eine wertvolle Orientierung. Siehe dazu näher *Kluth*, Funktionale Selbstverwaltung, S. 487 ff.

diese Begrenzung aber nicht ausreichen, um noch von einem überschaubaren Aufgabenbereich zu sprechen. Es ist deshalb darüber hinaus bedeutsam, dass die zugewiesenen Aufgaben auf einer zweiten Stufe dadurch abgegrenzt sind, dass es durchweg darum geht, vorhandene gesetzliche Vorgaben inhaltlich zu konkretisieren und dass die erfassten Sachbereiche sich jeweils aus gesetzlichen Einzelermächtigungen ergeben und nicht auf einer pauschalen Aufgabenzuweisung beruhen.

In Bezug auf die für den Gemeinsamen Bundesausschuss zentrale Aufgabenzuweisungsnorm des § 92 SGB V ist an dieser Stelle bereits ohne Vertiefung zu den Einzelheiten[131] festzustellen, dass die einzelnen Bereiche seiner normsetzenden Tätigkeit in der Aufzählung des Absatzes 1 jedenfalls vor dem Hintergrund der Vorgaben für die Normsetzung durch Selbstverwaltungsträger, auf die Art. 80 Abs. 1 GG nicht unmittelbar anwendbar ist[132], mit hinreichender Bestimmtheit vorgegeben werden.[133] Durch die Entscheidung für die Selbstverwaltung ist eine „eng geführte gesetzliche Steuerung“ gerade nicht gewollt; vielmehr soll das Gestaltungspotenzial der ermächtigten Organisation genutzt und dieser gerade deshalb ein erheblicher Spielraum belassen werden.[134] Dabei werden jeweils die Themenfelder genannt, deren genauer Inhalt sich zum Teil durch anderweitige Regelungen im SGB V (etwa §§ 20d Abs. 1, 22 Abs. 5, 25 Abs. 4 S. 2, 25a, 26 Abs. 2, usw.[135]) erschließt. Zudem wird in den Folgeabsätzen für mehrere der zu erlassenden Richtlinien teilweise der Inhalt genauer vorgegeben oder eine Beteiligung sachkundiger Stellen bzw. Organisationen vorgeschrieben.

Durch die allgemeinen Direktiven in Absatz 1 sind auch die allgemeinen Zwecke und Zielvorgaben für die inhaltliche Ausgestaltung der Richtlinien durch den Gesetzgeber hinreichend genau bestimmt worden. Übergeordnetes Ziel ist dabei die Sicherstellung der „ausreichende(n), zweckmäßige(n) und wirtschaftliche(n) Versorgung der Versicherten“.

Weiterhin wird der Gemeinsame Bundesausschuss ausdrücklich zu Leistungen beschränkenden und ausschließenden Regelungen ermächtigt, wenn es an einem Nachweis der medizinischen Notwendigkeit oder der Wirtschaftlichkeit fehlt. Das gleiche gilt für die Beschränkung oder den Ausschluss der Verordnung von Arzneimitteln. Dadurch wird die Gestaltungsreichweite vor allem dort präzisiert, wo die Entscheidungen des Gemeinsamen Bundesausschusses sich auf die grundrechtlich geschützten Interessen der Leistungserbringer oder Versicherten auswirken können.

---

[131] Darauf wird unter IV. näher eingegangen.

[132] Zu Einzelheiten der spezifischen verfassungsrechtlichen Bestimmtheitsanforderungen in diesem Bereich *Kluth*, Funktionale Selbstverwaltung, S. 487 ff.

[133] Es liegt zweifelsohne keine genaue oder Detailsteuerung vor [in diese Richtung aber *Engelmann*, NZS 2000, 76 (81)], sondern eher eine „sanfte Steuerung“, so *Roters*, Kontrolldichte, S. 90.

[134] Siehe auch *Schmidt-De Caluwe*, in: Becker/Kingreen, § 92, Rn. 4 m.w.N.

[135] Siehe auch die Hinweise bei *Schmidt-De Caluwe*, in: Becker/Kingreen, § 91, Rn. 3.

Hinzu kommt auf einer dritten Stufe, dass sich die erfassten Aufgaben thematisch auf die Tätigkeitsbereiche der Trägerorganisationen beziehen, so dass die Grundidee der Betroffenen-Selbstverwaltung hier in einem weiter verstandenen Sinne verwirklicht wird und ihre begrenzende Wirkung in Bezug auf das Aufgabenspektrum entfaltet.

Insgesamt liegt damit ein zwar facettenreicher und komplexer Aufgabenbereich vor, der aber durch seine thematische Konsistenz gleichwohl gut abgrenzbar und damit auch überschaubar im Sinne der Vorgaben des Bundesverfassungsgerichts ist.

b) Merkmal „historisch bewährt"

Das zweite Merkmal erfüllt der Gemeinsame Bundesausschuss schon deshalb, weil seine Einrichtung, wenngleich mit zahlreichen Änderungen in den Einzelheiten, bereits auf die Zeit des Deutschen Reiches zurückverfolgt werden kann, wie die Darstellung unter II. 1. b) gezeigt hat. Der Umstand, dass der Gesetzgeber bei der Neuerrichtung der sozialen Selbstverwaltung und den nachfolgenden Reformen an dieser Organisation festgehalten hat, ist Ausdruck ihrer historischen Bewährung.

c) Keine zwingende Aufgabe der unmittelbaren Staatsverwaltung

Dass es sich bei der sozialen Selbstverwaltung insgesamt nicht um eine Aufgabe der unmittelbaren Staatsverwaltung nach dem Grundgesetz handelt, erschließt sich allgemein bereits aus Art. 87 Abs. 2 GG.

Speziell in Bezug auf die Normsetzungsaufgaben des Gemeinsamen Bundesausschusses ist zu ergänzen, dass insoweit eine Feinsteuerung und Detailkontrolle aus dem Blickwinkel der Lehre vom Parlamentsvorbehalt zu erfolgen hat. Es ist insoweit für die erfassten Sachbereiche zu prüfen, ob die gesetzlichen Vorgaben für die Rechtsetzungsdelegation hinreichend bestimmt sind. Das ist aber keine Frage des Aufgabenbestandes als solchen, sondern der Bestimmtheit der gesetzlichen Regelungen im Einzelfall. In Bezug auf den Aufgabenbestand als solchen liegt jedenfalls keine zwingende Aufgabe der unmittelbaren Staatsverwaltung vor.

Damit erfüllen die dem Gemeinsamen Bundesausschuss zugewiesenen Aufgaben die vom Bundesverfassungsgericht entwickelten Anforderungen in Bezug auf den Aufgabencharakter.

III. Die Rechtsprechung zur demokratischen Legitimation in anderen Bereichen der Verwaltungsorganisation mit besonderen Modalitäten der Bestellung des Leitungspersonals

Für die verfassungsrechtliche Würdigung ist es weiter von Belang, dass das Bundesverfassungsgericht besondere Formen der Ausgestaltung der demokratischen

Legitimation in seiner neueren Rechtsprechung auch für andere Verwaltungstypen ausdrücklich anerkannt und dazu seine Rechtsprechung zur demokratischen Legitimation weiterentwickelt hat. Dabei hat es zugleich die Mindestanforderungen an eine personelle demokratische Legitimation verdeutlicht. Die dabei zugrunde gelegte Argumentation ist auch im vorliegenden Zusammenhang von Bedeutung und soll deshalb nachgezeichnet und analysiert werden.

1. Die Entscheidung zur Filmförderabgabe vom 28.01.2014

Die erste einschlägige Entscheidung betrifft die von der Filmförderanstalt verwaltete Filmförderabgabe. Das Bundesverfassungsgericht hatte darüber zu befinden, ob diese aus finanzverfassungsrechtlicher Sicht zulässig und ob die für ihre Administrierung zuständige Filmförderanstalt hinreichend demokratisch legitimiert ist.[136] Bezüge zur funktionalen Selbstverwaltung liegen insoweit vor, als bei der Besetzung der Leitungsorgane auch die „betroffenen Kreise" mitwirken und dabei der staatliche Einfluss auf die personelle demokratische Legitimation gegenüber den üblichen Formen der Bestellung im staatlichen Bereich abgesenkt ist.

Zur organisatorischen Ausgestaltung in diesem Bereich führt das Bundesverfassungsgericht näher aus:

> „aa) Der Verwaltungsrat der Filmförderungsanstalt, der über die grundsätzlichen Fragen des Aufgabenbereichs der Filmförderungsanstalt sowie über deren Haushalt (§ 6 Abs. 5 FFG 2004) und Satzung (§ 10 Abs. 1 Satz 1 FFG 2004) beschließt, Richtlinien über Einzelheiten der Förderpraxis erlässt (§ 22 Abs. 3 Satz 3, § 23 Abs. 2 Satz 2, § 30 Abs. 7 Satz 3, § 31 Abs. 5 FFG 2004) und in Fragen der Ausgestaltung der Förderungshilfen und der Mittelverteilung auf die einzelnen Förderungshilfen subsidiär entscheidungszuständig ist (§ 69 Abs. 1 FFG 2004), besteht nach der hier maßgeblichen Gesetzesfassung aus 33 Mitgliedern, von denen zwei vom Deutschen Bundestag, zwei vom Bundesrat, zwei von der für Kultur und Medien zuständigen obersten Bundesbehörde, vier weitere von ARD, ZDF und Kirchen und die übrigen von Verbänden der Filmschaffenden und der Filmwirtschaft benannt und für die Dauer von fünf Jahren durch die für Kultur und Medien zuständige oberste Bundesbehörde berufen werden (§ 6 Abs. 1 und Abs. 3 FFG 2004).
>
> Von den neun Mitgliedern des Präsidiums (§ 5 Abs. 1 FFG 2004), das insbesondere die Tätigkeit des Vorstandes überwacht (§ 5 Abs. 4 Satz 1 FFG 2004) und über die Dienstverträge mit dem Vorstand und seiner Stellvertretung beschließt (§ 5 Abs. 5 Satz 1 FFG 2004), wird jeweils eines vom Deutschen Bundestag gewählt beziehungsweise von der Bundesregierung ernannt; im Übrigen wählt der Verwaltungsrat mit der Mehrheit der Stimmen je ein Mitglied aus dem Kreis der von den Verbänden der Filmhersteller, der Filmverleiher, der Filmtheater, der Videowirtschaft, der privaten Fernsehveranstalter und der öffentlich-rechtlichen Rundfunkanstalten in den Verwaltungsrat Berufenen (§ 5 Abs. 2 Satz 2 FFG 2004). Eine Ernennung der Gewählten findet darüber hinaus nicht statt. Der Vorstand wiederum, der aus einer Person besteht (§ 4 Abs. 1 Satz 1 FFG 2004) und nach Maßgabe der Beschlüsse von Präsidium und Verwaltungsrat die Geschäfte der Filmför-

[136] BVerfG, Urt. v. 28.01.2014, Az. 2 BvR 1561/12 u.a.

derungsanstalt führt und diese gerichtlich und außergerichtlich vertritt (§ 4 Abs. 2, 3 FFG 2004; zu den wichtigsten Entscheidungskompetenzen näher unter bb)), wird auf Vorschlag des Präsidiums vom Verwaltungsrat ernannt (§ 4 Abs. 1 FFG 2004); dabei besteht Inkompatibilität mit bestimmten Betätigungen in der Filmwirtschaft (§ 4 Abs. 5 FFG 2004).

Während die Mitglieder des Präsidiums und des Vorstandes entweder unmittelbar durch Verfassungsorgane bestellt oder vom seinerseits uneingeschränkt demokratisch legitimierten Verwaltungsrat gewählt oder ernannt werden, trifft dies für die Vergabekommission, der wichtige Förderentscheidungen obliegen (§ 7 Abs. 1 Satz 2; § 64 FFG 2004), und für die drei- bis fünfköpfigen Unterkommissionen, die diese für einzelne Förderbereiche einrichten kann (§ 8a FFG 2004), nur eingeschränkt zu. Von den nach der hier maßgeblichen Gesetzesfassung elf Mitgliedern der Vergabekommission sind jeweils eines vom Deutschen Bundestag und von der zuständigen obersten Bundesbehörde, ein weiteres von den öffentlich-rechtlichen Rundfunkanstalten und die übrigen acht von nichtstaatlichen Verbänden oder Vereinigungen zu benennen (§ 8 Satz 1 FFG 2004). Eine Wahl- oder sonstige Bestellungsentscheidung durch eine andere als die entsendende Stelle ist nicht vorgesehen. Die Mitglieder der Unterkommissionen werden, ebenfalls ohne dass noch ein weiterer Bestellungsakt folgte, von der Vergabekommission gewählt (§ 8a Abs. 2 Satz 1 FFG 2004).“[137]

Das Bundesverfassungsgericht prüft diese Ausgestaltung der personellen demokratischen Legitimation, bei der nicht alle Mitglieder durch selbst demokratisch legitimierte staatliche Stellen ausgewählt werden, an den in seiner bisherigen Rechtsprechung entwickelten Maßstäben, indem es zunächst im Hinblick auf die getroffenen Entscheidungen das Maß der notwendigen demokratischen Legitimation bestimmt und sodann fragt, ob dafür das in der Organisation vorhandene Legitimationsniveau ausreicht. Der Zweite Senat kommt dabei zu folgendem Ergebnis:

„bb) Obwohl die Entscheidungsträger der Filmförderungsanstalt danach nicht sämtlich in vollem Umfang personell demokratisch legitimiert sind, ist das insgesamt notwendige Maß an demokratischer Legitimation (vgl. BVerfGE 83, 60 [72]; 93, 37 [66 f.]; 107, 59 [87]; 130, 76 [124, 128]) gewahrt.

(1) Hinsichtlich des Erlasses von Abgabenbescheiden und damit zusammenhängender weiterer Entscheidungen besteht ein hohes Maß an sowohl personeller als auch sachlich-inhaltlicher demokratischer Legitimation. Der Vorstand, in dessen Geschäftsbereich diese Entscheidungen fallen (§ 4 Abs. 2 FFG), wird vom Verwaltungsrat ernannt, dessen Mitglieder ihrerseits sämtlich uneingeschränkt personell legitimiert sind (vgl. BVerfGE 93, 37 [67]; 107, 59 [89]). Soweit die personelle demokratische Legitimation des Vorstandes und derer, die in Vertretung des Vorstandes entscheiden, dadurch eingeschränkt sein mag, dass in der Kette der sie vermittelnden Wahl- und Bestellungsakte Akteure eine Rolle spielen, deren Status von dem des typischen „Amtsträgers“ (vgl. BVerfGE 93, 37 [67 f.]; 107, 59 [88]) abweicht, handelt es sich um eine jedenfalls im vorliegenden Zusammenhang unschädliche Abweichung. Die mit der Abgabenerhebung verbundenen Grundrechtseingriffe sind zwar nicht unerheblich, aber nach Art und Umständen durch ein hohes Maß an Kontrollierbarkeit gekennzeichnet. Für den Vollzug der bereits im Filmförderungsgesetz 2004 enthaltenen Abgabenregelungen ergibt sich ein ohne Weiteres ausreichendes Maß an demokratischer Legitimation jedenfalls im Zusammenwirken des gegebenen, erheblichen Maßes an per-

[137] BVerfG, Urt. v. 28.01.2014, Az. 2 BvR 1561/12 u.a., Absatz-Nr. 160ff.

soneller demokratischer Legitimation mit der detaillierten gesetzlichen Festlegung der Abgabepflicht, einschließlich der konkreten Abgabenhöhe (§§ 66, 66a FFG 2004), und der Unterstellung der Filmförderungsanstalt unter die Rechtsaufsicht der zuständigen obersten Bundesbehörde (§ 13 FFG 2004).

Hinsichtlich der im Filmförderungsgesetz 2004 vorgesehenen Beiträge der Fernsehveranstalter (§ 67 FFG 2004) fehlt es allerdings hinsichtlich ihrer Art, Höhe und sonstigen Modalitäten an sachlich-inhaltlicher demokratischer Legitimation. Durch die zwischenzeitlich getroffene gesetzliche Regelung, mit der der Beitrag durch eine der Höhe nach bestimmte Abgabe ersetzt worden ist und die auch sonst die wesentlichen Einzelheiten festschreibt (§ 67 FFG; s. o. A.I.2.c)cc)), ist dieses Defizit jedoch behoben. Dies gilt auch, soweit das Ausmaß, in dem anstelle finanzieller Leistungen Medialeistungen erbracht werden können, nur durch die gesetzlich festgelegte Fünfzigprozentgrenze (§ 67 Abs. 5 Satz 4 FFG) bestimmt ist, denn der Gesetzgeber selbst hat, soweit danach für die nähere Festlegung ein Spielraum besteht, beide Leistungsarten einander gleichgestellt."[138]

Das Bundesverfassungsgericht arbeitet hier noch einmal das Zusammenwirken der verschiedenen Legitimationsinstrumente heraus und verweist insbesondere auf die Bedeutung, die der Rechtsaufsicht in diesem Zusammenhang zukommt.

Zu den weiteren Aufgabenfeldern, die durch geringere gesetzliche Vorgaben und ein höheres Maß an Bewertungsspielräumen gekennzeichnet sind, heißt es sodann:

„(2) Auch hinsichtlich der mit der Abgabe finanzierten Fördertätigkeit sind die zuständigen Entscheidungsträger hinreichend demokratisch legitimiert.

(a) Die regelmäßig in höherem Maße bewertungsabhängigen Entscheidungen, wie insbesondere die zur Projektfilmförderung (§§ 32 ff. FFG 2004), sind hier im Grundsatz der Vergabekommission zugewiesen (s. im Einzelnen § 64 Abs. 1 FFG 2004). Für typischerweise weniger bewertungsabhängige Entscheidungen – etwa über die Referenzfilmförderung, die im Wesentlichen einem schematisierten Zuteilungsverfahren folgt (§§ 22 ff. FFG 2004; auch hier gelten allerdings die bewertungsabhängigen Anforderungen des § 19 FFG 2004) –, sowie für Entscheidungen aus den grundsätzlich der Vergabekommission zugewiesenen Bereichen, soweit diese im Einzelfall keinen bewertenden Charakter haben, und für Projektförderungsmaßnahmen bis 20.000 Euro ist der Vorstand zuständig (s. im Einzelnen § 64 Abs. 2 FFG 2004). Dieser kann auch eine Reihe begleitender Entscheidungen treffen, insbesondere über Ausnahmen von bestimmten allgemeinen Fördervoraussetzungen (§ 15 Abs. 4, § 17a Abs. 2 FFG 2004) sowie die Übernahme von Bürgschaften für geförderte Filme (§ 31 Abs. 1 FFG 2004).

(b) Die Förderentscheidungen des Vorstandes sind danach zureichend demokratisch legitimiert. Der Vorstand ist in personeller Hinsicht, wenn nicht uneingeschränkt, so doch in hohem Maß demokratisch legitimiert (C.I.3.b)bb)(1)) und unterliegt in sachlich-inhaltlicher Hinsicht Bindungen durch die gesetzlichen Vorgaben sowie durch Richtlinien des Verwaltungsrates. § 64 Abs. 2 FFG 2004 weist ihm förderbezogene Entscheidungen zu, die entweder nicht durch bewertende Elemente geprägt – und damit in hohem Maße unmittelbar durch gesetzgeberische Entscheidung determiniert und sachlich-inhaltlich legitimiert – oder dem finanziellen Umfang nach von eher geringer Bedeutung sind. Die genannten Begleit-

[138] BVerfG, Urt. v. 28.01.2014, Az. 2 BvR 1561/12 u.a., Absatz-Nr. 163 ff.

entscheidungen sind jeweils anhand gesetzlich vorgegebener Maßstäbe zu treffen, deren Anwendung rechtsaufsichtlicher (§ 13 FFG 2004) und gerichtlicher Kontrolle unterliegt."[139]

Bedeutsam ist an dieser Passage, dass zusätzlich auf die Bedeutung der gerichtlichen Kontrolle hingewiesen und bei der personellen demokratischen Legitimation sehr deutlich zwischen unterschiedlichen Reichweiten der demokratischen Legitimation unterschieden wird. Dazu wird weiter ausgeführt:

„(c) Hinsichtlich der Entscheidungen, die die Vergabekommission zu treffen hat und die sie teilweise (§ 8a Abs. 1 FFG 2004) auf Unterkommissionen delegieren kann, ist die Einbindung in einen personellen Legitimationszusammenhang allerdings dadurch erheblich zurückgenommen, dass für den größten Teil der Mitglieder keine Wahl oder Ernennung durch ihrerseits personell legitimierte Entscheidungsträger vorgesehen, sondern die Besetzungsentscheidung den jeweils entsendeberechtigten Verbänden anheimgegeben ist (s. o. C.I.3.b)aa)). Dies findet jedoch eine ausreichende Rechtfertigung in der Natur der zu treffenden Entscheidungen, die besonders im Fall der Projektfilmförderung mit Urteilen über kreativ-künstlerische Qualitäten verbunden sind (vgl. BVerfGE 83, 130 [150]; Scheuner, in: Bitburger Gespräche 1977–1978, S. 113 [120 ff.]).

Die Rahmenbedingungen sind so beschaffen, dass eine an den gesetzlichen Bestimmungen orientierte, nicht zugunsten von Sonderinteressen verzerrte Entscheidungspraxis gesichert erscheint. Die Vergabekommission fasst als kollegiales Entscheidungsgremium ihre Beschlüsse mit der Mehrheit ihrer Mitglieder (§ 7 Abs. 5 Satz 2 FFG 2004). Diese sind an Weisungen nicht gebunden (§ 7 Abs. 2 Satz 5 FFG 2004). Sie müssen auf dem Gebiet des Filmwesens sachkundig sein und sollen über eine maßgebliche und aktuelle Praxiserfahrung verfügen; ein Mitglied muss zudem in Finanzierungsfragen sachverständig sein (§ 7 Abs. 2 Sätze 2, 3 FFG 2004). Die Zuweisung eines großen Teils der Benennungsrechte an Organisationen der Filmschaffenden und der abgabepflichtigen Gruppen (§ 8 Satz 1 FFG 2004) ist auf eine dem Gesetzeszweck entsprechende Aktivierung von Sachverstand und Interessen ausgerichtet. Dabei geht es nicht um die Repräsentation eines Kollektivs Betroffener, die der Rückbindung an den Willen des vertretenen Kollektivs durch eine körperschaftlich organisierte Selbstverwaltung bedürfte. Die Vergabekommission ist kein Repräsentationsorgan, sondern ein auf bestmögliche Umsetzung vorgegebener gesetzlicher Maßstäbe hin konzipiertes kollegiales Entscheidungsgremium. Der Gesetzgeber greift dafür auf in privatautonomer Selbstbestimmung gebildete Vertretungsorganisationen zurück, in denen er sowohl einschlägigen Sachverstand als auch Interessen gebündelt sieht, die in ihrem Zusammenwirken eine in besonderer Weise dem Gesetzeszweck und den gesetzlichen Vorgaben entsprechende Entscheidungspraxis versprechen (vgl. zur ursprünglich vorgesehenen Projektkommission BTDrucks 7/974, S. 12)."[140]

In dieser Passage wird der Gesichtspunkt aus der Wasserverbandsentscheidung vertieft, nach dem die Binnenorganisation so ausgestaltet werden muss, dass ein sachgerechter Interessenausgleich bzw. eine Sonderinteressen nicht privilegierende Entscheidungsfindung organisatorisch und verfahrensrechtlich abgesichert sind. Dabei ist im Hinblick auf den Gemeinsamen Bundesausschuss erneut darauf hinzuweisen, dass die Versicherten bzw. ihre Interessen im System der gesetzlichen

---

[139] BVerfG, Urt. v. 28.01.2014, Az. 2 BvR 1561/12 u. a., Absatz-Nr. 166 ff.

[140] BVerfG, Urt. v. 28.01.2014, Az. 2 BvR 1561/12 u. a., Absatz-Nr. 169 ff.

Krankenversicherung nicht eigenständig organisiert, sondern Teil des paritätischen Gesamtsystems sind, weshalb sie auch im Gemeinsamen Bundesausschuss nicht eigenständig vertreten werden.[141]

> „Das Gewicht, das dabei nicht nur künstlerisch-kreativem Sachverstand, sondern auch wirtschaftlichem Sachverstand und wirtschaftlichen Verwertungsinteressen eingeräumt ist, entspricht den durch die in Anspruch genommene Kompetenzgrundlage vorgegebenen wirtschaftsbezogenen Zielsetzungen des Gesetzes (§ 1 Abs. 1 FFG 2004; s. o. C.I.1.) und stützt die notwendige gruppennützige Ausrichtung der Förderentscheidungen. Um eine gemeinwohlwidrige verwaltungsorganisatorische Begünstigung von Sonderinteressen einzelner Gruppen, die demokratischen Prinzipien zuwiderliefe, handelt es sich nicht. Nach der Konzeption des Gesetzes ist der zu sichernde Nutzen der Gruppe der Abgabepflichtigen gerade von einer an den gesetzlichen Förderkriterien ausgerichteten Förderpraxis zu erwarten (C.I.2.b)dd)). Es ist auch nichts dafür ersichtlich, dass, wie die Beschwerdeführerinnen geltend machen, das Interesse der Abgabepflichtigen oder einzelner abgabepflichtiger Teilgruppen an einer dem Gesetzesziel entsprechend auf wirtschaftlichen Erfolg gerichteten Förderung zugunsten kultureller Interessen unterrepräsentiert wäre. Der mit diesem Einwand vorausgesetzte Gegensatz zwischen kulturellen und wirtschaftlichen Interessen besteht nach der plausiblen Einschätzung des Gesetzgebers gerade nicht. Auch von den entsendeberechtigten Verbänden, deren Mitglieder anderen abgabepflichtigen Teilgruppen als die Beschwerdeführerinnen oder, wie die Verbände der Filmregisseure und der Drehbuchautoren (§ 8 Satz 1 Nr. 5 und 6 FFG 2004), keiner der abgabepflichtigen Teilgruppen angehören, kann angenommen werden, dass sie am Erfolg des deutschen Films interessiert sind. Dadurch, dass der Vergabekommission ein vom Deutschen Bundestag und ein von der zuständigen obersten Bundesbehörde benanntes Mitglied angehören (§ 8 Satz 1 Nr. 1 und 2 FFG 2004), werden zudem die genannten Bundesorgane über die damit verbundenen begrenzten unmittelbaren Einwirkungsmöglichkeiten hinaus in die Lage versetzt, die Entscheidungspraxis von innen her zu beobachten und gegebenenfalls frühzeitig auf Korrekturen im gesetzlichen Regelwerk hinzuwirken.“[142]

In dieser Passage wird zunächst die Absicherung der Gruppennützigkeit der Entscheidung thematisiert, die mit den Besonderheiten der Sonderabgabendogmatik zusammenhängt und insoweit keiner Verallgemeinerung zugänglich ist.

Wichtig ist dann aber auch, dass die Nutzung des spezifischen Sachverstandes für die zu treffenden Entscheidungen zur Rechtfertigung des besonderen Bestellungsmodus der Ausschussmitglieder herangezogen wird. Dieser Aspekt entspricht der Situation beim Gemeinsamen Bundesausschuss, soweit man das Benennungsrecht der Trägerorganisationen – wie hier – so versteht, dass damit der in den Organisationen besondere Sachverstand auch im Personenvorschlag zum Ausdruck kommt. Dabei geht es nicht um eine formale oder gar wissenschaftliche Qualifikation, sondern um institutionelles Fachwissen, das auch auf die Einschätzung der Trä-

[141] Der in den kritischen Stellungnahmen zum Legitimationsmodell des Gemeinsamen Bundesausschusses anzutreffende Hinweis auf die fehlende Partizipation der Versicherten übersieht den bereits angesprochenen Problempunkt, dass es keine überzeugende und anerkannte Form der Repräsentation in diesem Bereich gibt.

[142] BVerfG, Urt. v. 28.01.2014, Az. 2 BvR 1561/12 u. a., Absatz-Nr. 171.

gerorganisationen bezogen ist, solche Personen auszuwählen, die über solche Fähigkeiten verfügen.[143]

Anschlussfähig ist weiterhin der Gesichtspunkt der Informationsmöglichkeit, dass an den Sitzungen des Gemeinsamen Bundesausschusses auch ein Vertreter des zuständigen Bundesministeriums teilnimmt und damit etwaige gesetzliche Steuerungsbedürfnisse frühzeitig erkannt werden können.

2. Die Entscheidung zum Deutschen Weinfonds vom 06.05.2014

In einer weiteren Entscheidung, die sich auf die Absatzförderungen durch den als Anstalt des öffentlichen Rechts organisierten Deutschen Weinfonds bezieht und die ebenfalls einen abgabenrechtlichen Hintergrund hat, konnte das Bundesverfassungsgericht seine zuvor erarbeiteten Kriterien auf einen weiteren Fall außerhalb der funktionalen Selbstverwaltung anwenden:

> „Auch außerhalb der funktionalen Selbstverwaltung können im Interesse sachgerechter, effektiver Aufgabenwahrnehmung begrenzte Abweichungen von der Regelanforderung uneingeschränkter personeller Legitimation zulässig sein (vgl. für den Fall der Beleihung BVerfGE 130, 76 [119 ff., 123 ff.]). Ob und inwieweit Lockerungen der Einbindung in den Zusammenhang einer durch Wahlen und Bestellungsakte vermittelten, auf das Gesamtvolk zurückgehenden personellen Legitimation mit dem Demokratieprinzip vereinbar sind, hängt auch davon ab, ob die institutionellen Vorkehrungen eine nicht Einzelinteressen gleichheitswidrig begünstigende, sondern gemeinwohlorientierte und von Gleichachtung der Betroffenen geprägte Aufgabenwahrnehmung ermöglichen und gewährleisten (BVerfG, Urteil vom 28. Januar 2014–2 BvR 1561/12 u. a. –, EuGRZ 2014, S. 98 [117], Rn. 158, m.w.N.). Wo der Gesetzgeber solche Lockerungen vorsieht, müssen zudem die Möglichkeiten parlamentarischer Beobachtung und Kontrolle der Aufgabenwahrnehmung unbeeinträchtigt bleiben (vgl. BVerfG, jew. a.a.O.).“[144]

Es folgt auch in dieser Entscheidung eine detaillierte Prüfung der personellen demokratischen Legitimation vor dem Hintergrund der zugewiesenen Aufgaben und ihrer Gegenstände:

> „Den Mitgliedern des Verwaltungsrats (§ 40 WeinG), der den grundsätzlichen Handlungsrahmen in den zum Aufgabengebiet des Deutschen Weinfonds gehörigen Fragen bestimmt (§ 40 Abs. 4 WeinG), mit Genehmigung des Bundesministeriums für Ernährung, Landwirtschaft und Verbraucherschutz die eigene Geschäftsordnung und die des Aufsichtsrates (§ 40 Abs. 5 WeinG) sowie die Satzung des Deutschen Weinfonds erlässt (§ 41 WeinG) und über die Entlastung des Vorstandes und des Aufsichtsrates beschließt (§ 40 Abs. 6 WeinG), vermittelt die Ernennung durch den zuständigen Bundesminister (§ 40 Abs. 2 WeinG) als Mitglied der dem Parlament verantwortlichen Regierung demokratische

[143] In diese Richtung geht auch die Einordnung bei *Schmidt-De Caluwe*, in: Becker/Kingreen, § 91, Rn. 14, wenn dort von „Funktionseliten“ gesprochen wird. Die dort daran geknüpfte negative Bewertung hängt damit zusammen, dass eine auf die Versicherten bezogene Partizipation verlangt wird.

[144] BVerfG, B. v. 06.05.2014, 2 BvR 1139/12 u. a., Absatz-Nr. 169.

Legitimation (vgl. zum Verwaltungsrat der Filmförderungsanstalt BVerfG, Urteil vom 28. Januar 2014 – 2 BvR 1561/12 u. a. –, EuGRZ 2014, S. 98 [118], Rn. 160, 162). Diese Form der Vermittlung formeller demokratischer Legitimation setzt nicht voraus, dass die beteiligten Kreise ein bindendes Vorschlagsrecht für die Entsendung haben (vgl. BVerfGE 26, 186 [194 ff.]).

Der Aufsichtsrat, der den Vorstand zu überwachen hat und im Rahmen der ihm vorgegebenen Beschlüsse des Verwaltungsrates über alle zum Aufgabengebiet des Deutschen Weinfonds gehörenden Fragen sowie über die Einberufung des Verwaltungsrates beschließt und dessen Tagesordnung festlegt (§ 39 Abs. 3 WeinG), besteht aus dem jeweiligen Vorsitzenden des Verwaltungsrates, der auch den Vorsitz des Aufsichtsrates führt (§ 39 Abs. 2 Satz 1 WeinG), sowie aus weiteren Mitgliedern, die teils vom Verwaltungsrat als Ganzem, teils von den Vertretern einzelner Gruppen im Verwaltungsrat gewählt werden (§ 39 Abs. 2 WeinG). Seine Mitglieder sind danach aufgrund ihrer Wahl durch ihrerseits personell legitimierte Mitglieder des Verwaltungsrates beziehungsweise durch den Verwaltungsrat als Ganzen mit gewissen Einschränkungen personell demokratisch legitimiert.

Die maximal zwei Mitglieder des Vorstandes (§ 38 Abs. 1 Satz 1 WeinG), der im Rahmen der Beschlüsse von Aufsichtsrat und Verwaltungsrat die Geschäfte des Deutschen Weinfonds führt und diesen gerichtlich und außergerichtlich vertritt (§ 38 Abs. 2, 3 WeinG), werden auf Vorschlag des Aufsichtsrates vom Verwaltungsrat bestellt (§ 38 Abs. 1 Satz 2 WeinG), der die Bestellung aus wichtigem Grund widerrufen kann (§ 38 Abs. 1 Satz 4 WeinG). Sie sind daher, ebenfalls mit Einschränkungen, vermittelt über die Bestellung durch den Verwaltungsrat personell demokratisch legitimiert.

Soweit die personelle demokratische Legitimation der Mitglieder des Vorstandes und des Aufsichtsrates dadurch eingeschränkt sein mag, dass in der Kette der sie vermittelnden Wahl- und Bestellungsakte Akteure eine Rolle spielen, deren Status von dem des typischen „Amtsträgers“ (vgl. BVerfGE 93, 37 [67 f.]; 107, 59 [88]) abweicht, handelt es sich um eine im vorliegenden Zusammenhang unschädliche Abweichung (vgl. BVerfG, Urteil vom 28. Januar 2014 – 2 BvR 1561/12 u. a. –, EuGRZ 2014, S. 98 [118], Rn. 164). Die mit der Abgabenerhebung nach § 44 Abs. 2 Satz 1 WeinG verbundenen Grundrechtseingriffe sind zwar nicht unerheblich, aber nach Art und Umständen durch ein hohes Maß an Kontrollierbarkeit gekennzeichnet. Für die Vollzugstätigkeit ergibt sich insoweit ein ohne weiteres ausreichendes Maß an demokratischer Legitimation jedenfalls im Zusammenwirken des gegebenen Maßes an personeller demokratischer Legitimation mit der detaillierten gesetzlichen Festlegung der Abgabepflicht, einschließlich der konkreten Abgabenhöhe (§§ 43, 44 WeinG), und der Unterstellung des Deutschen Weinfonds unter die Aufsicht des zuständigen Ministeriums (§ 42 WeinG; vgl. BVerfG, a.a.O. S. 118, Rn. 164). Die Bewirtschaftung des Abgabenaufkommens zur Erfüllung der Aufgaben nach § 37 Abs. 1 WeinG ist zwar, anders als die Abgabenerhebung, nicht gesetzlich detailliert vorgeprägt. Sie berührt andererseits aber auch nicht per se in besonders intensiver, hohe Anforderungen an die demokratische Legitimation begründender Weise (vgl. BVerfGE 93, 37 [72 f.]; 130, 76 [124]) die Grundrechte der Abgabepflichtigen oder Drittbetroffener. Grundrechte der Abgabepflichtigen wären durch die Verwendung der Fördermittel allenfalls insofern berührt, als eine zweckwidrige oder sonst willkürliche Verwendung des Abgabeaufkommens mittelbar auf die Rechtfertigungsfähigkeit der Abgabenerhebung zurückwirken oder Grundrechtsrelevanz durch Wettbewerbswidrigkeit entfalten könnte. Hiergegen sind jedoch ausreichende gesetzliche Vorkehrungen getroffen (s. o. Rn. 158). In der Zusammenschau ergibt sich danach ein in personeller und sachlicher Hinsicht insgesamt ausreichendes Legitimationsniveau (vgl. bereits BVerfGE 37, 1 [26 ff.]).“[145]

Auch hier wird besonders auf die externe Kontrolle als Instrument der demokratischen Legitimation von Entscheidungen hingewiesen, bei denen die personelle demokratische Legitimation abgesenkt ist. Im Übrigen wird der Argumentationsstruktur gefolgt, die in der Entscheidung zur Filmförderabgabe vorgezeichnet worden ist.

3. Einordnung der Rechtsprechung

Die beiden Entscheidungen zu den speziellen Fördereinrichtungen machen deutlich, dass das Bundesverfassungsgericht auch außerhalb der funktionalen Selbstverwaltung Abweichungen vom Grundsatz der strikten Legitimationsketten im Bereich der personellen demokratischen Legitimation zulässt. Es fällt aber auf, dass in diesen Fällen lediglich Abweichungen für einige der Mitglieder der Leitungsorgane vorliegen und gebilligt werden und dass ein großer Wert auf die kompensatorische Wirkung von Rechtsaufsicht und gerichtlicher Kontrolle gelegt wird. Fallkonstellationen eines völligen Verzichts der Bestimmung der Mitglieder der Leitungsorgane durch ihrerseits personell demokratisch legitimierte staatliche Stellen finden sich hier nicht. Es besteht insoweit ein bedeutsamer Unterschied zu der Rechtsprechung, die sich auf die funktionale Selbstverwaltung bezieht. Bekräftigt wird dagegen die grundsätzliche Gestaltungsfreiheit des Gesetzgebers auch im Bereich der personellen demokratischen Legitimation.

IV. Personelle demokratische Legitimation aus dem Blickwinkel des Art. 33 Abs. 2 GG

Die vorstehenden Darlegungen zu den verfassungsrechtlichen Anforderungen an die personelle demokratische Legitimation in der Verwaltung können durch eine weiterführende Überlegung ergänzt werden, die das Konzept der personellen demokratischen Legitimation in der öffentlichen Verwaltung aus dem Blickwinkel des Art. 33 Abs. 2 GG betrachtet.

Diese Vorschrift steuert den Zugang zu Positionen im öffentlichen Dienst, der auch die Selbstverwaltungsträger umfasst[146], durch die Verpflichtung auf das Prinzip der Bestenauslese. Es handelt sich um eine spezielle Ausgestaltung des Gleichheitssatzes mit Hilfe von positiven Entscheidungskriterien.

[145] BVerfG, B. v. 06.05.2014, 2 BvR 1139/12 u. a., Absatz-Nr. 171 ff.

[146] *Pieper*, in: Schmidt-Bleibtreu/Hofmann/Henneke, Art. 33, Rn. 24 f.: auch ehrenamtlich Tätige.

Sieht man zunächst einmal von Wahlämtern in der öffentlichen Verwaltung ab, auf die Art. 33 Abs. 2 GG nach herrschender Ansicht nicht anwendbar ist[147], so ist das der Besetzung[148] von öffentlichen Ämtern vorausgehende Auswahlverfahren durch den Nachweis der entsprechenden Befähigung determiniert. Rechtmäßig ernannt werden darf nur, wer im Bewerberfeld den Anforderungen des Art. 33 Abs. 2 GG folgend (Eignung, Befähigung, fachliche Leistung) am besten qualifiziert ist.[149] Damit stellt die Verfassung die fachliche und persönliche Befähigung über den Willen des Dienstherrn, d. h. dieser muss sich rationalen Anforderungen unterwerfen. Das hat aber auch zur Folge, dass der individuelle Ernennungsakt eine weitgehend durch Art. 33 Abs. 2 GG determinierte Folgehandlung darstellt, auf die unter bestimmten Voraussetzungen sogar ein einklagbarer Anspruch besteht.

Diese verfassungsrechtlich unumstrittene Rechtslage macht deutlich, dass es der Verfassung bei der Besetzung von Ämtern in der öffentlichen Verwaltung (und darüber hinaus) vor allem auf die Sicherstellung zur Befähigung für einen sachgerechten Gesetzesvollzug im weit verstandenen Sinne, die die eigene Gestaltung im Rahmen der vorgegebenen Zwecke einschließt, ankommt. In zahlreichen Fachgesetzen wird – wie auch in § 35a Abs. 6 SGB IV – überdies ausdrücklich eine bestimmte Art der Qualifikation vorgegeben.[150]

Besteht somit ein derart enger Zusammenhang zwischen der Zuweisung eines Amtes und der demokratischen Legitimation auf Grund der Zuweisung desselben, so kann der Gesetzgeber im Rahmen der Ausgestaltung der personellen demokratischen Legitimation auch andere Sicherungsmechanismen nutzen, die in gleicher Weise die Gewähr für eine sachgerechte Besetzung von Ämtern und Organen und damit für sachgerechte Entscheidungen bieten.

Auf diesen Aspekt der spezifischen Qualifikation für die zu erfüllenden Aufgaben stellt letztlich auch das Bundesverfassungsgericht ab, wenn es verlangt, dass die nähere Ausgestaltung der Träger funktionaler Selbstverwaltung dem verfolgten Zweck entsprechen bzw. dienen muss.

---

[147] *Pieper*, in: Schmidt-Bleibtreu/Hofmann/Henneke, Art. 33, Rn. 27 m.w.N.

[148] Erfasst sind auch Beförderungen.

[149] Zu den Qualifikations- und Auswahlkriterien im Einzelnen *Pieper*, in: Schmidt-Bleibtreu/Hofmann/Henneke, Art. 33, Rn. 46 ff.

[150] So heißt es exemplarisch in § 75 Abs. 1 Kommunalverfassungsgesetz des Landes Sachsen-Anhalt: „Die Kommunen sind verpflichtet, die zur Erfüllung der Aufgaben erforderlichen geeigneten Beschäftigten einzustellen." und noch spezifischer in § 56 Abs. 2 Landesbauordnung „Die Bauaufsichtsbehörden sind zur Durchführung ihrer Aufgaben ausreichend mit geeigneten Fachkräften zu besetzen und mit den erforderlichen Vorrichtungen auszugestalten. Den Bauaufsichtsbehörden müssen insbesondere Bedienstete, die die Laufbahnbefähigung der Laufbahngruppe 2 zweites Einstiegsamt des technischen Verwaltungsdienstes, Fachrichtung Hochbau/Städtebau, und die erforderlichen Kenntnisse der Bautechnik, der Baugestaltung und des öffentlichen Baurechts haben … angehören".

V. Die Bedeutung der Grundentscheidung für selbständige Verwaltungsträger in Art. 87 Abs. 2, 3 GG

Wie in der Literatur[151] und der Rechtsprechung des Bundesverfassungsgerichts[152] vielfach festgestellt wurde, war dem Verfassungsgeber die soziale Selbstverwaltung „bekannt" und er hat sie in der zur Weimarer Zeit bis in das Jahr 1933 etablierten Form verfassungsrechtlich anerkannt. Daraus wird u. a. abgeleitet, dass die Träger der sozialen Selbstverwaltung auch dann als verfassungsrechtlich zulässig eingestuft werden müssten, wenn es bei ihnen an einer den heutigen Anforderungen des Art. 20 Abs. 2 GG genügenden demokratischen Legitimation fehlen würde. Damit wird eine flankierende Argumentationslinie etabliert, die hier ergänzend zu den eigenen Überlegungen zur demokratischen Legitimation des Gemeinsamen Bundesausschusses angeführt werden soll. Dabei soll lediglich verdeutlicht werden, dass sich die Grundentscheidung des Verfassungsgebers nicht nur auf die einzelnen Träger der gesetzlichen Sozialversicherung bezog, sondern auch die Gemeinsame Selbstverwaltung einschließt.

Im vorliegenden Zusammenhang ist von besonderer Bedeutung, dass die neuere Rechtsentwicklung zu den Aufgaben und Rechtsetzungsbefugnissen des Gemeinsamen Bundesausschusses in ihrer grundsätzlichen Ausrichtung[153] nicht über den historischen Befund hinausgeht. Wie im Rahmen der knappen Retrospektive[154] gezeigt wurde, standen den Organen der gemeinsamen Selbstverwaltung in der ersten Zeit ihrer Existenz Befugnisse zur verbindlichen Rechtsetzung zu, die nach 1949 zunächst nicht neu begründet wurden. Erst im weiteren Verlauf der Rechtsentwicklung wurde dieser Zustand wieder erreicht. Der durch das Verfassungsrecht „gebilligte" traditionelle Entwicklungsstand der sozialen Selbstverwaltung wird demnach durch die neuere Rechtsentwicklung nicht verlassen bzw. überschritten. Damit ist nicht gesagt, dass eine Weiterentwicklung des Systems im Rahmen der Legitimationswirkung des Art. 87 Abs. 2, 3 GG ausgeschlossen ist. Es wird vielmehr nur betont, dass auf eine solche Argumentation vorliegend nicht rekurriert werden muss.

Weiterhin ist zu betonen, dass die neuere Rechtsentwicklung im Bereich der sozialen Selbstverwaltung in ihrer konzeptionellen Grundausrichtung mit den ursprünglichen Grundgedanken der sozialen Selbstverwaltung in Einklang steht, so dass auch insoweit von einer starken zusätzlichen Legitimationswirkung auszugehen ist.

---

[151] Siehe exemplarisch *Jestaedt*, Demokratieprinzip und Kondominialverwaltung, S. 538; *Köller*, S. 210 ff. m.w.N.

[152] BVerfGE 107, 59 (90).

[153] Anders sieht es in Bezug auf den sachlichem Umfang aus, der sich – wie der gesamte Leistungsbereich – deutlich erweitert hat.

[154] Oben Erster Teil A. I. 2.

VI. Die demokratische Legitimation des Gemeinsamen Bundesausschusses

1. Personelle demokratische Legitimation des Gemeinsamen Bundesausschusses

Wie die Analyse der aktuellen Rechtslage zur Besetzung des Gemeinsamen Bundesausschusses unter II. 1. gezeigt hat, weist der Gesetzgeber die Bestimmung der personellen Zusammensetzung des Gemeinsamen Bundesausschusses den vier Trägerorganisationen zu. Ihnen wird durch § 91 Abs. 2 SGB V ein Bestimmungsrecht eingeräumt, das in Bezug auf die unparteiischen Mitglieder lediglich einem begrenzten Kontrollverfahren unterworfen ist, das durch den Ausschuss für Gesundheit des Deutschen Bundestages ausgeübt wird.

Eine Rückbeziehung der Mitglieder des Beschlussorgans sowie der weiteren Unterorgane des Gemeinsamen Bundesausschusses auf das Staatsvolk durch eine ununterbrochene Kette von Akten personeller demokratischer Legitimation (Wahl- oder Bestellungsakte), wie sie das Verfassungsrecht für die unmittelbare Staatsverwaltung (Ministerialverwaltung) fordert und verwirklicht, liegt damit nicht vor. Das personell und thematisch begrenzte Mitwirkungsrecht des Bundestagsausschusses reicht dafür nicht aus und zielt auch nicht auf die Begründung einer solchen Legitimation ab.

In Betracht kommt somit nur eines der weiteren Legitimationsmodelle, wie sie das Bundesverfassungsgericht in seiner Rechtsprechung zur funktionalen Selbstverwaltung sowie zu weiteren Erscheinungsformen beschränkter klassischer personeller Legitimation entwickelt hat.

Wendet man das als Betroffenen-Selbstverwaltung bezeichnete und vor allem im Bereich der Kammer-Selbstverwaltung verwirklichte Modell auf den Gemeinsamen Bundesausschuss an, so führt dies zu der „Deutung", die das Bundessozialgericht in seinem Urteil vom 18. 03. 1998[155] entwickelt hat. Abgestellt wird dabei auf die in den Trägerorganisationen verwirklichte Betroffenen-Partizipation[156], die bei der Bestellung der Mitglieder des Beschlussorgans gewissermaßen zu gesamter Hand „weitergegeben" wird. Diese Begründung der Legitimation durch Partizipation hat indes mit dem Problem zu kämpfen, dass nicht alle Trägerorganisationen als öffentlich-rechtliche Selbstverwaltungskörperschaften verfasst sind. Die Deutsche Krankenhausgesellschaft ist vielmehr ein grundrechtlich legitimierter Verband, auf den der Gesetzgeber lediglich rekurriert. Betroffenen-Selbstverwaltung wird in ihm jedenfalls nicht in gleicher Weise verwirklicht wie in einer auf gesetzlicher Pflichtmitgliedschaft beruhenden Körperschaft des öffentlichen Rechts. Es wäre in diesem Modell unter Bezugnahme auf die Rechtsprechung des Bundesverfassungsgerichts lediglich möglich, von einer überwiegenden Legitimation durch ein

---

[155] BSG NZS 1999, 50 ff.

[156] Dazu BSG Urt. v. 19. 12. 2012 – B 12 KR 20/12 R – juris Rn. 30 ff.

Partizipationsmodell auszugehen und dies im Hinblick auf weitere absichernde Instrumente wie die Staatsaufsicht ausreichen zu lassen.

Es ist in dieser Konstellation aber auch auf anderem Wege möglich, von einer besonderen Konkretisierung der Grundgedanken funktionaler Selbstverwaltung auszugehen. Denn bei der Verwirklichung des Modells der Betroffenen-Selbstverwaltung kann der Gesetzgeber dort, wo es um eine übergreifende normative Steuerung geht, auch an bereits in etablierten Organisationen verfasste Interessen und Betroffenheiten anknüpfen, soweit diese ihrerseits bestimmten Mindestanforderungen genügen, insbesondere repräsentativ sind.

Für den Bereich der Gemeinsamen Selbstverwaltung konnte der Gesetzgeber von etablierten repräsentativen Organisationen in allen drei erfassten Bereichen (mit vier Organisationen) ausgehen:

Für den Bereich der Ärzteschaft hat der Bundesgesetzgeber selbst mit den Kassenärztlichen bzw. Kassenzahnärztlichen Vereinigungen eine alle Betroffenen erfassende repräsentative Organisationsstruktur in den §§ 77 ff. SGB V etabliert. Den dort aggregierten Sachverstand konnte er deshalb direkt nutzen, ohne eine zusätzliche Organisation schaffen zu müssen.

Das gleiche gilt für den Bereich der gesetzlichen Krankenversicherungen, die im Spitzenverband Bund der Krankenversicherungen gem. § 217a SGB V ebenfalls repräsentativ vertreten sind. Auch hier knüpft § 91 Abs. 1 SGB V an vorhandene gesetzliche Organisationsstrukturen an.

Anders verhält es sich bei den Krankenhausgesellschaften, die traditionell nicht staatlich organisiert sind, sondern sich privatrechtlich selbst organisiert haben. Der Gesetzgeber sah insoweit keinen Bedarf, eine zusätzliche gesetzliche Vorgabe zu erlassen, da für die Zwecke der Gemeinsamen Selbstverwaltung hinreichende organisatorische Strukturen existierten. Allerdings wurde insoweit eine Verstärkung der Legitimation vorgenommen, als die Krankenhausgesellschaften sowohl auf Landes- wie auch auf Bundesebene eine gesetzliche „Anerkennung“ durch § 108a SGB V sowie in weiteren Vorschriften[157] erfahren haben.

Die Bedeutung dieser Regelung für den organisationsrechtlichen Status der Deutschen Krankenhausgesellschaft ist umstritten. Der Gesetzgeber ist von einer Aufwertung der Krankenhausgesellschaften ausgegangen, ohne dies näher zu erklären oder zu begründen.[158] Dem schließen sich auch einzelne Stimmen der Literatur an.[159] Zugleich wird aber kritisch angemerkt, dass durch die gesetzliche Bezugnahme auf die bestehenden Organisationen deren Status und Kompetenzen nicht verändert worden sind.[160]

[157] Z.B. § 9 KHEntgG, § 17b Abs. 2 KHG, § 9 Abs. 1 BPflV und § 18 Abs. 2 KHG.

[158] BT-Drucks. 13/6087, S. 29.

[159] U.a. *Rau*, in: Orlowski/Rau/Wasem/Zipperer, § 108a, Rn. 3 (Stand Dezember 2014).

[160] So u.a. *Becker*, in: ders./Kingreen, § 108a, Rn. 2.

Richtig ist zunächst, dass sich der Status der Krankenhausgesellschaften durch die gesetzliche Inbezugnahme nicht geändert hat und ohne weitergehende Regelungsgehalte auch nicht ändern konnte und sollte.[161]

Bei richtigem Verständnis der in § 91 Abs. 1 SGB V getroffenen Regelung kommt es aber auch nicht darauf an, wie die Trägerorganisation formal verfasst ist. Bei der Errichtung des Gemeinsamen Bundesausschusses greift der Bundesgesetzgeber originär auf die bestehenden Trägerorganisationen als Verkörperung sachspezifischer Interessen und besonderen Sachverstandes zu und nutzt beides für die Bildung des Leitungsorgans des Gemeinsamen Bundesausschusses. Die der Selbstverwaltung in diesem Fall zugrunde liegende Partizipation wird damit nicht auf das einzelne Mitglied, sondern auf die jeweiligen Gesamtorganisationen bezogen mit der Folge, dass es auf deren rechtlichen Status letztlich nicht entscheidend ankommt, soweit gewährleistet ist, dass die Organisationen repräsentativ sind und die Gewähr für die Garantie von qualifiziertem Sachverstand bieten.

Da es für die Erfüllung der Systemfunktionen des Gemeinsamen Bundesausschusses auf ein Wissen ankommt, das vorwiegend in den Organen der beteiligten Organisationen und nicht in gleicher Qualität und Breite an der Mitgliederbasis der verschiedenen Organisation anzutreffen ist, erweist sich der gesetzgeberische Regelungsansatz auch insoweit als sachgerecht. Ein Modell, das eine Beteiligung der Mitglieder über lange Legitimationsketten und verschiedene Verbandsebenen vorschreiben würde, wäre insoweit im Hinblick auf den verfolgten Zweck rein formaler Natur.

Vor dem Hintergrund der oben aufgezeigten engen Verbindung zwischen der personellen demokratischen Legitimation und dem Nachweis von Befähigung nach Art. 33 Abs. 2 GG bei der Besetzung von Stellen der öffentlichen Verwaltung entspricht die gesetzgeberische Vorgehensweise dem Konzept einer institutionellen demokratischen Legitimation, indem den Trägerorganisationen treuhänderisch (im Sinne des demokratischen Anvertrauens von Herrschaftsgewalt) die Auswahl der Mitglieder der Organe des Gemeinsamen Bundesausschusses zugewiesen und diese durch den Staat nur im Hinblick auf die Einhaltung der geforderten Standards überwacht wird.

Die personelle demokratische Legitimation des Gemeinsamen Bundesausschusses ist damit im Ergebnis durch zahlreiche Besonderheiten geprägt, denn sie weicht nicht nur von dem Modell der ununterbrochenen Legitimationsketten ab, die für den Bereich der unmittelbaren Staatsverwaltung grundsätzlich verlangt werden, sondern auch von den unmittelbar mitgliederbezogenen Strukturen, wie sie bei anderen Trägern funktionaler Selbstverwaltung etabliert sind. Da die Gesamtkonstruktion jedoch folgerichtig und konsequent an der Zwecksetzung ausgerichtet ist, eine hohen Qualitätsanforderungen genügende Normsetzung unter Nutzung der in

---

[161] Entsprechenden politischen Bestrebungen hatten sich vor allem die als Krankenhausträger aktiven christlichen Kirchen entgegengestellt; siehe *Bogan*, in: Rolfs/Giesen/Kreikebohm/Udsching, § 108a SBG V, Vorbemerkung (Stand 1.9.2014); *Schlink*, RsDE 1990, 1 ff.

den Trägerorganisationen vorhandenen Wissens- und Erfahrungsbestände zu ermöglichen und zugleich eine hohe Akzeptanz und Normdurchsetzung zu erreichen, handelt es sich insgesamt gleichwohl um eine wirksame Form demokratischer Legitimation.

2. Die weiteren Legitimationsmechanismen

Wie in anderen Bereichen der funktionalen Selbstverwaltung wird auch im Falle des Gemeinsamen Bundesausschusses die personelle demokratische Legitimation durch die Rechtsaufsicht und die Möglichkeit der fachgerichtlichen Kontrolle ergänzt.

Eine „Erhöhung“ der aufsichtlichen Legitimation durch die Etablierung einer Fachaufsicht wäre in diesem Fall nicht zielführend, weil die Errichtung des Gemeinsamen Bundesausschusses gerade dem Zweck dient, den an anderen Stellen nicht vorhandenen Sachverstand zu generieren. Es wäre deshalb widersprüchlich, die Entscheidungen des Gemeinsamen Bundesausschusses einer Überprüfung durch eine staatliche Stelle zu unterwerfen, die über eine Rechtskontrolle hinausgeht.[162]

Dass die vom Gemeinsamen Bundesausschuss beschlossenen Richtlinien zudem Gegenstand einer durchaus intensiven fachgerichtlichen Kontrolle sind, zeigt die im Rahmen der Untersuchung bereits vielfach erwähnte breite Rechtsprechungspraxis, die auch eine punktuelle verfassungsgerichtliche Kontrolle und Korrektur hinsichtlich der gesetzlichen Grundlagen der Tätigkeit des Gemeinsamen Bundesausschusses einschließt. Die gerichtliche Kontrolldichte muss einerseits der fallbezogen zu ermittelnden Eingriffsintensität Rechnung tragen, andererseits den durch die Begründung des Selbstverwaltungsrechts zugewiesenen Gestaltungsfreiraum berücksichtigen.[163]

---

[162] Zur Begrenzung der Aufsicht auf eine Rechtsaufsicht näher BSG, Urt. v. 06.05.2009 – BeckRS 2009, 69263, Rn. 34 sowie Rn. 50: „Insgesamt steht es somit nicht im Belieben des Gesetzgebers, der an dem Konzept untergesetzlicher Normsetzung und -konkretisierung in der gesetzlichen Krankenversicherung durch den GBA festhalten will, die Staatsaufsicht über den Richtlinienerlass um fachaufsichtliche Elemente anzureichern, denn er würde sich damit der Gefahr aussetzen, die Grundlage dieses Konzepts in Frage zu stellen. Soweit der Parlamentsgesetzgeber zu einzelnen Regelungsgegenständen vom GBA abweichende Gestaltungsvorstellungen hat, ist es ihm allerdings unbenommen, diese selbst in einem förmlichen Gesetz auch dem GBA zur Beachtung vorzugeben oder die Exekutive gemäß Art 80 GG zu einer von ihr zu verantwortenden Normsetzung zu ermächtigen; die Ministerialverwaltung kann hierauf hinwirken.“

[163] Siehe zur „gebotenen Kontrolldichte“ auch *Roters*, Kontrolldichte, S. 191 ff.

VII. Zusammenfassende Einordnung des Gemeinsamen Bundesausschusses in das „System" demokratischer Legitimation

Aus den vorstehenden Einzelanalysen kann eine vorläufige Einordnung des Gemeinsamen Bundesausschusses in das komplexe und vielschichtige System demokratischer Legitimation nach dem Grundgesetz, das vor allem durch die Rechtsprechung des Bundesverfassungsgerichts seit 2001 mehrfach ergänzt und erweitert wurde, vorgenommen werden, an das sich sodann weitere Überlegungen zur Reichweite der Normsetzungsbefugnisse anschließen.

- Den Ausgangspunkt für die Verortung des Gemeinsamen Bundesausschusses bildet die Entscheidung des Bundesgesetzgebers, mit dem Gemeinsamen Bundesausschuss eine Selbstverwaltungsorganisation zu errichten, die den anspruchsvollen Prozess der Rechtskonkretisierung im Bereich der sozialrechtlichen Leistungsrechte nach dem SGB V zu vollziehen hat.
- Dabei geht es um einen komplexen Vorgang der Normsetzung, für den das Verfahren parlamentarischer Rechtsetzung nicht geeignet ist, weil es vor allem darum geht, akademisch-wissenschaftliches evidenzbasiertes Wissen in Form von (verbindlichen) Richtlinien für die durch die Trägergesellschaften repräsentierten Akteure des Gesundheitswesens verfügbar zu machen.
- Durch die Einräumung des Selbstverwaltungsrechts wird eine politikdistanzierte, sachorientierte Entscheidungsfindung ermöglicht. Dieser gleichen Zwecksetzung folgt die Ausgestaltung des Bestellungsverfahrens für das Beschlussgremium und seine Untergliederungen, bei dem an das Fachwissen in den Trägerorganisationen angeknüpft und deshalb die Auswahl der Leitungspersonen den Trägerorganisationen überlassen wird. Dadurch wird ein hoher Sachverstand und durch zusätzliche Vorgaben für die unabhängigen Mitglieder die Unabhängigkeit bei der Aufgabenwahrnehmung garantiert. Dies wird durch Verfahrensregelungen abgesichert, die auch ein Kontrollrecht des Ausschusses für Gesundheit des Deutschen Bundestages einschließen.
- Die Entscheidung des Gesetzgebers für die Begründung des Selbstverwaltungsrechts mit der Folge, dass auf eine vom Staatsvolk abgeleitete durch ununterbrochene Vermittlungsakte begründete personelle demokratische Legitimation verzichtet wird, entspricht auch den hierzu entwickelten Vorgaben des Bundesverfassungsgerichts, da es sich um einen abgegrenzten Aufgabenbereich handelt und die Ausübung des Selbstverwaltungsrechts in diesem Bereich sich bewährt hat. Zudem liegen keine Aufgaben vor, die der Erfüllung unmittelbar durch den Staat vorbehalten sind.
- Die Wahl dieser Organisationsform ist durch die Grundentscheidung der Verfassung zugunsten der sozialen Selbstverwaltung in ihrer überkommenen Gestalt in Art. 87 Abs. 2, 3 GG abgesichert. Der Verfassungsgeber hat in dieser Norm die mit verbindlichen Rechtsetzungsbefugnissen ausgestattete gemeinsame Selbst-

verwaltung, die ihm bekannt war, zusätzlich institutionell abgesichert und als legitime Organisationsform anerkannt.

- Der zur Bestellung der Mitglieder des Beschlussgremiums nach § 91 Abs. 2 SGB V vorgesehene Modus kann als besondere Form einer kollektiven personellen demokratischen Legitimation qualifiziert werden, bei dem der Gesetzgeber den besonderen Sachverstand in den Trägerorganisationen nutzt. Er war dabei nicht gehalten, einen auf die Mitglieder der Trägerorganisationen[164] zurückführbaren Legitimationsvermittlungsprozess zu etablieren. Auch die Einbeziehung einer rein privatrechtlich verfassten, repräsentativen Trägergesellschaft (der Deutschen Krankenhausgesellschaft) war dem Gesetzgeber nicht verwehrt.
- Durch die Etablierung des IQWiG und des IQTiG als zusätzlichem Beratungsorgan hat der Bundesgesetzgeber die institutionelle und verfahrensrechtliche Grundlage für die Arbeit des Gemeinsamen Bundesausschusses weiter verbessert, indem die Wissensgrundlagen für seine Entscheidungsfindung erweitert wurden.
- Die Organisation des Gemeinsamen Bundesausschusses ist durch den parlamentarischen Gesetzgeber hinreichend konkret ausgestaltet worden.
- Insgesamt wird unter ergänzender Berücksichtigung von Rechtsaufsicht und fachgerichtlicher Kontrolle ein den getroffenen Entscheidungen angemessenes Niveau wirksamer demokratischer Legitimation verwirklicht.

Auf der Grundlage dieses Ergebnisses wird in einem weiteren Schritt geprüft, ob die gesetzlichen Regelungen zur Rechtsetzungsdelegation den verfassungsrechtlichen Anforderungen genügen.

D. Die Entscheidungen des Gemeinsamen Bundesausschusses zwischen Rechtsanwendung und Rechtsetzung

I. Die verfassungsrechtlichen Anforderungen im Überblick

Von Bedeutung ist im vorliegenden Zusammenhang weiterhin, mit welcher sachlichen Reichweite einem Träger funktionaler Selbstverwaltung Rechtsetzungsbefugnisse zugewiesen werden dürfen. Auch dazu entwickelte das Bundesverfassungsgericht präzise Kriterien:

> „Die gesetzgeberische Gestaltungsfreiheit bei der Schaffung und näheren Ausgestaltung von Organisationseinheiten der Selbstverwaltung erlaubt auch, den Selbstverwaltungsträger zu verbindlichem Handeln mit Entscheidungscharakter zu ermächtigen; dies gilt in allerdings begrenztem Umfang auch für ein Handeln gegenüber Dritten, also Nichtmitgliedern. Nicht bereits die Erledigung öffentlicher Aufgaben als solche, wohl aber die Befugnis zu

[164] Bzw. der Mitglieder ihrer Mitgliedsorganisationen.

verbindlichem Handeln mit Entscheidungscharakter macht es erforderlich, Maßnahmen, welche die jeweilige Selbstverwaltungskörperschaft bei der Erfüllung der ihr übertragenen Aufgaben ergreift, am Maßstab des Art. 20 Abs. 2 GG zu messen. Das bedeutet im Bereich der funktionalen Selbstverwaltung nicht, dass dies im Wege einer lückenlosen personellen Legitimationskette vom Volk zum einzelnen Entscheidungsbefugten zu geschehen hat. Verbindliches Handeln mit Entscheidungscharakter ist den Organen von Trägern der funktionalen Selbstverwaltung aus verfassungsrechtlicher Sicht aber nur gestattet, weil und soweit das Volk auch insoweit sein Selbstbestimmungsrecht wahrt, indem es maßgeblichen Einfluss auf dieses Handeln behält. Das erfordert, dass die Aufgaben und Handlungsbefugnisse der Organe in einem von der Volksvertretung beschlossenen Gesetz ausreichend vorherbestimmt sind und ihre Wahrnehmung der Aufsicht personell demokratisch legitimierter Amtswalter unterliegt (vgl. Dreier, Hierarchische Verwaltung im demokratischen Staat, 1991, S. 285 ff.; Emde, Die demokratische Legitimation der funktionalen Selbstverwaltung, 1991, S. 331; Britz, VerwArch. 91 [2000], S. 418 [433 ff.]).“[165]

Damit knüpft das Gericht an die bereits in der Facharztentscheidung[166] angewandte Lehre vom Parlamentsvorbehalt an, die vor allem im grundrechtsrelevanten Bereich eine ausreichend bestimmte parlamentsgesetzliche Steuerung verlangt.[167]

II. Übersicht zu den gesetzlichen Grundlagen der Tätigkeit des Gemeinsamen Bundesausschusses

1. Allgemeine Aufgabenzuweisung

Die Zuständigkeiten des Gemeinsamen Bundesausschusses im Bereich der Rechtsetzung sind in allgemeiner Form in § 92 Abs. 1 SGB V verankert. Danach beschließt der G-BA

„die zur Sicherung der ärztlichen Versorgung erforderlichen Richtlinien über die Gewähr für eine ausreichende, zweckmäßige und wirtschaftliche Versorgung der Versicherten; dabei ist den besonderen Erfordernissen der Versorgung behinderter oder von Behinderung bedrohter Menschen und psychisch Kranker Rechnung zu tragen, vor allem bei den Leistungen zur Belastungserprobung und Arbeitstherapie; er kann dabei die Erbringung und Verordnung von Leistungen oder Maßnahmen einschränken oder ausschließen, wenn nach allgemein anerkanntem Stand der medizinischen Erkenntnisse der diagnostische oder therapeutische Nutzen, die medizinische Notwendigkeit oder die Wirtschaftlichkeit nicht nachgewiesen sind; er kann die Verordnung von Arzneimitteln einschränken oder ausschließen, wenn die Unzweckmäßigkeit erwiesen oder eine andere, wirtschaftlichere Behandlungsmöglichkeit mit vergleichbarem diagnostischen oder therapeutischen Nutzen verfügbar ist. Er soll insbesondere Richtlinien beschließen über die

---

[165] BVerfGE 107, 59 (94).

[166] BVerfGE 33, 125 ff. Zu ihr vertiefend *Kluth*, Funktionale Selbstverwaltung, S. 499 ff.

[167] Zu Einzelheiten, differenziert nach Aufgabentypen, *Kluth*, Funktionale Selbstverwaltung, S. 487 ff.

1. ärztliche Behandlung,

2. zahnärztliche Behandlung einschließlich der Versorgung mit Zahnersatz sowie kieferorthopädische Behandlung,

3. Maßnahmen zur Früherkennung von Krankheiten und zur Qualitätssicherung der Früherkennungsuntersuchungen sowie zur Durchführung organisierter Krebsfrüherkennungsprogramme nach § 25a einschließlich der systematischen Erfassung, Überwachung und Verbesserung der Qualität dieser Programme,

4. ärztliche Betreuung bei Schwangerschaft und Mutterschaft,

5. Einführung neuer Untersuchungs- und Behandlungsmethoden,

6. Verordnung von Arznei-, Verband-, Heil- und Hilfsmitteln, Krankenhausbehandlung, häuslicher Krankenpflege und Soziotherapie,

7. Beurteilung der Arbeitsunfähigkeit einschließlich der Arbeitsunfähigkeit nach § 44a Satz 1 sowie der nach § 5 Abs. 1 Nr. 2a und der nach § 10 versicherten erwerbsfähigen Hilfebedürftigen im Sinne des Zweiten Buches,

8. Verordnung von im Einzelfall gebotenen Leistungen zur medizinischen Rehabilitation und die Beratung über Leistungen zur medizinischen Rehabilitation, Leistungen zur Teilhabe am Arbeitsleben und ergänzende Leistungen zur Rehabilitation,

9. Bedarfsplanung,

10. medizinische Maßnahmen zur Herbeiführung einer Schwangerschaft nach § 27a Abs. 1,

11. Maßnahmen nach den §§ 24a und 24b,

12. Verordnung von Krankentransporten,

13. Qualitätssicherung,

14. spezialisierte ambulante Palliativversorgung,

15. Schutzimpfungen."

Hinzu kommen weitere Aufgabenzuweisungen in anderen Sachzusammenhängen, bei denen der Gesetzgeber die Steuerungsfunktionen des SGB V erweitert oder vertieft hat.

2. Ermächtigung(en) zum Erlass von Richtlinien

Im vorliegenden Zusammenhang interessiert (nur) die Ermächtigung zum Erlass von Richtlinien und zwar aus dem spezifischen Blickwinkel, ob die vorhandenen gesetzlichen Regelungen eine ausreichend bestimmte Ermächtigungsgrundlage darstellen.

In § 92 Abs. 1 SGB V werden zunächst die Hauptzwecke des Richtlinienerlasses gesetzlich vorgegeben. Es handelt sich im Einzelnen um die folgenden Maßgaben:

- Den übergeordneten Zweck des Richtlinienerlasses stellt die „Sicherung der ärztlichen Versorgung" dar. Diese Vorgabe schließt die ambulante und stationäre Versorgung ein; die Aufgabe ist nicht auf die vertragsärztliche Versorgung beschränkt. Es geht dabei nicht in erster Linie um den Sicherstellungsauftrag im organisatorischen Sinne[168], sondern um die Sicherung durch Konkretisierung der Leistungsinhalte im Sinne des oben beschriebenen Modells der Rechtskonkretisierung.

- Die *spezifische Gestaltungsaufgabe* des Richtlinienerlasses wird sodann dadurch zum Ausdruck gebracht, dass innerhalb des Spektrums verfügbarer Leistungen diejenigen identifiziert werden sollen, die eine „ausreichende, zweckmäßige und wirtschaftliche Versorgung der Versicherten" sicherstellen. Aufgabe des Gemeinsamen Bundesausschusses ist es demnach, das durch § 2 und § 27 SGB V zunächst rahmenrechtlich bestimmte Leistungsanspruchsspektrum unter diesen Gesichtspunkten zu konkretisieren. Die grundsätzliche Vereinbarkeit dieses Regelungsziels mit dem Grundgesetz hat das Bundesverfassungsgericht ausdrücklich bestätigt.[169]
- Der insoweit eröffnete Gestaltungsrahmen wird in den Folgesätzen für verschiedene Bereiche näher spezifiziert. Hinter diesen speziellen Direktiven stehen jeweils grundrechtlich geschützte Interessen, denen auch im Bereich der Krankenversorgung Rechnung zu tragen ist: Menschen mit Erkrankung oder (drohender) Behinderung sowie psychisch Kranke.
- Als weitere Direktiven hat der Gesetzgeber vorgegeben, dass medizinisch nicht notwendige oder unwirtschaftliche Leistungen oder Maßnahmen aus dem Leistungsspektrum ausgeschlossen werden können. Dieses Regelungsziel hat das Bundesverfassungsgericht in Bezug auf neue Behandlungsmethoden ausdrücklich gebilligt.[170] Die Argumentation lässt sich in der Sache auch ohne weiteres auf bereits etablierte Behandlungsmethoden übertragen, soweit Zweifel an deren Wirksamkeit und Wirtschaftlichkeit auftreten.
- Für einzelne Richtlinien bzw. Regelungsgegenstände finden sich in den Folgeabsätzen sowie in zahlreichen weiteren gesetzlichen Regelungen, die der Gemeinsame Bundesausschuss in seinem Schriftsatz vom 30. Mai 2014 zum Verfahren 1 BvR 2066/12 auf Seite 58 bis 63 detailliert dargestellt hat, weitere spezifische Vorgaben. Es handelt sich dabei sowohl um inhaltliche als auch um

---

[168] Als organisatorischer Aspekt wird aber die Bedarfsplanung erfasst.

[169] BVerfGE 115, 25 (46 f.): „Es ist dem Gesetzgeber schließlich nicht von Verfassungs wegen verwehrt, zur Sicherung der Qualität der Leistungserbringung, im Interesse einer Gleichbehandlung der Versicherten und zum Zweck der Ausrichtung der Leistungen am Gesichtspunkt der Wirtschaftlichkeit ein Verfahren vorzusehen, in dem neue Untersuchungs- und Behandlungsmethoden in der vertragsärztlichen Versorgung auf ihren diagnostischen und therapeutischen Nutzen sowie ihre medizinische Notwendigkeit und Wirtschaftlichkeit nach dem jeweiligen Stand der wissenschaftlichen Erkenntnisse sachverständig geprüft werden, um die Anwendung dieser Methoden zu Lasten der Krankenkassen auf eine fachlich-medizinisch zuverlässige Grundlage zu stellen."

[170] BVerfGE 115, 25 (46): „Der Leistungskatalog der gesetzlichen Krankenversicherung darf auch von finanzwirtschaftlichen Erwägungen mitbestimmt sein (vgl. BVerfGE 68, 193 [218]; 70, 1[26, 30]). Gerade im Gesundheitswesen hat der Kostenaspekt für gesetzgeberische Entscheidungen erhebliches Gewicht (vgl. BVerfGE 103, 172 [184])."

verfahrensrechtliche Vorgaben, die vor allem die Einbeziehung der betroffenen Leistungserbringer in das Entscheidungsverfahren vorschreiben.

Aus § 92 SGB V sowie den weiteren Einzelermächtigungen zum Erlass von Richtlinien (u. a. §§ 116b, 135 SGB V) ergibt sich ein klares Handlungsprogramm, das in seinen allgemeinen Zielsetzungen durch das Bundesverfassungsgericht gebilligt worden ist.

Zu klären ist vor diesem Hintergrund, ob die gesetzlichen Vorgaben darüber hinaus auch den verfassungsrechtlichen Anforderungen an die Bestimmtheit von Ermächtigungstatbeständen im grundrechtsrelevanten Raum genügen.

3. Herausnahme von besonders gewichtigen Einzelfallentscheidungen durch § 2 Abs. 1a SGB V

Von Bedeutung für die Bestimmung der Grundrechtsrelevanz der Richtlinien des Gemeinsamen Bundesausschusses ist zunächst die im Anschluss an die Grundsatzentscheidung des Bundesverfassungsgerichts vom 6. 12. 2005[171] durch den neu eingefügten § 2 Abs. 1a SGB V veranlasste Verlagerung der Entscheidungszuständigkeit an die Gesetzlichen Krankenversicherungen in besonders gelagerten Fällen erhöhte Grundrechtsrelevanz. Diese Regelung hat folgenden Wortlaut:

> „(1a) Versicherte mit einer lebensbedrohlichen oder regelmäßig tödlichen Erkrankung oder mit einer zumindest wertungsmäßig vergleichbaren Erkrankung, für die eine allgemein anerkannte, dem medizinischen Standard entsprechende Leistung nicht zur Verfügung steht, können auch eine von Absatz 1 Satz 3 abweichende Leistung beanspruchen, wenn eine nicht ganz entfernt liegende Aussicht auf Heilung oder auf eine spürbare positive Einwirkung auf den Krankheitsverlauf besteht. Die Krankenkasse erteilt für Leistungen nach Satz 1 vor Beginn der Behandlung eine Kostenübernahmeerklärung, wenn Versicherte oder behandelnde Leistungserbringer dies beantragen. Mit der Kostenübernahmeerklärung wird die Abrechnungsmöglichkeit der Leistung nach Satz 1 festgestellt."

Der Gesetzgeber hat damit dem durch das Bundesverfassungsgericht herausgearbeiteten Differenzierungsgebot beim Zugang zu Leistungen Rechnung getragen, dass in besonders gelagerten Fällen, ausnahmsweise ein verfassungsunmittelbarer Leistungsanspruch auf für eine Aufnahme noch nicht ausreichend bewährte Leistungen bestehen kann.[172]

Für die rechtsetzende Tätigkeit des Gemeinsamen Bundesausschusses hat diese Regelung eine „Entlastungswirkung" zur Folge, weil in den erfassten Fällen, die nach der Entscheidung des Bundesverfassungsgerichts durch eine besonders

---

[171] BVerfGE 115, 25 ff.

[172] Zu Einzelheiten des Anspruchs und der Regelung siehe *Peters*, in: Körner/Leitherer/Mutschler, § 2a SGB V, Rn. 5 ff. (Stand Dezember 2014); *Joussen*, SGb 2012, 625. Aus der zur Umsetzung ergangenen Rechtsprechung siehe nur: BSG, NZS 2010, 392 ff.; NZS 2011, 20 ff.; NZS 2013, 258 ff.

schwere, aber atypische Grundrechtsbetroffenheit gekennzeichnet sind, die Leistungserbringung nicht völlig ausgeschlossen wird. Zudem kann in Bereichen, in denen die Leistungen voraussichtlich häufiger nachgefragt werden, eine Regelung durch Richtlinien erfolgen, um die Handhabung zu vereinheitlichen.[173]

4. Ermächtigung zur Ausgestaltung der Verfahren und der Methode

Der Gesetzgeber steht im Bereich der Gewährung von Gesundheitsdienstleistungen zur Konkretisierung der Leistungsansprüche der Versicherten vor dem Problem, das auf Grund des medizinisch-wissenschaftlichen Fortschritts aber auch der wirtschaftlichen Interessen der Leistungserbringer ständig wachsende Angebot so zu begrenzen und zu „kanalisieren“, dass einerseits keine „sinnlosen“ oder unwirksamen Leistungen finanziert werden und andererseits keine Leistungen vorenthalten werden, die sich als nützlich und sinnvoll erweisen.

Da das Verfassungsrecht nach der gefestigten Rechtsprechung des Bundesverfassungsgerichts, die auch in der Entscheidung vom 06.12.2005 zum Ausdruck kommt[174], eine solche Begrenzung grundsätzlich zulässt und zugleich keine einfach handhabbaren Kriterien zur Verfügung stehen, einen Leistungsausschluss umzusetzen, muss sich die gesetzliche Steuerung in diesem Bereich auf die Vorgaben allgemeiner Kriterien und insbesondere von organisatorischen und verfahrensrechtlichen Regelungen konzentrieren.[175]

Im vorliegenden Zusammenhang hat der Gesetzgeber zur Wahrnehmung seiner Normierungs- und Gestaltungspflicht die Grundentscheidung getroffen, die Aufgabe dem Gemeinsamen Bundesausschuss zu übertragen und damit einen organisatorischen Rahmen geschaffen, der spezifisch an der sachgemäßen Erfüllung dieser Aufgabe ausgerichtet ist. Es ist an dieser Stelle bedeutsam, sich vor Augen zu führen, dass die Organisation des Gemeinsamen Bundesausschusses bereits dem Zweck dient, die sachgerechte Aufgabenerfüllung zu garantieren mit der Folge, dass der Gesetzgeber deshalb auf eine genauere und in die Einzelheiten gehende Ausgestaltung seiner Entscheidungsverfahren verzichten konnte, ja sogar verzichten musste, wenn er sich folgerichtig verhalten wollte. Ist es nämlich gerade diese Organisation, in der ein besonderer Sachverstand vorhanden ist bzw. generiert werden kann, der für die Aufgabenerfüllung notwendig ist, so wäre es widersprüchlich, dieser Organisation die Einzelheiten ihres Verfahrens gesetzlich im Detail vorzuschreiben.

---

[173] Siehe *Peters*, in: Körner/Leitherer/Mutschler, § 2, Rn. 6 (Stand Dezember 2014).

[174] BVerfGE 115, 25 (44 ff.).

[175] Zu diesem Zusammenhang im Allgemeinen *Denninger*, in: Isensee/Kirchhof, HStR IX, § 193, Rn. 10 ff. mit Nachweisen zur einschlägigen Rechtsprechung des Bundesverfassungsgerichts.

Wie gezeigt wurde, hat sich der Gesetzgeber bei der Ausgestaltung der Organisation auf ein bewährtes Erfahrungswissen stützen können und mit der Organisationsform der funktionalen Selbstverwaltung eine Ausgestaltung gewählt, die im deutschen öffentlichen Rechtsraum umfassend bewährt und durch das Grundgesetz speziell für den Bereich der sozialen Selbstverwaltung auch normativ anerkannt ist.

Soweit Erkenntnisse zu Optimierungsmöglichkeiten sowie zur Vermeidung von Interessenkonflikten erkennbar wurden, hat der Gesetzgeber diesen jeweils durch ergänzende organisatorische Vorgaben Rechnung getragen, zuletzt durch die Stärkung der Stellung der Unparteiischen, indem im Rahmen des Bestellungsverfahrens durch die Einschaltung des Gesundheitsausschusses des Deutschen Bundestages die Absicherung ihrer Unabhängigkeit verbessert wurde.

Der Gesetzgeber hat auch für die Vorgehensweise des Gemeinsamen Bundesausschusses Vorgaben normiert, die einen klaren Rahmen bestimmen. Die wesentliche und zugleich hinreichende gesetzliche Vorgabe findet sich in § 2 Abs. 1 S. 3 SGB V, in dem vorgegeben wird, dass das Leistungsspektrum dem „allgemein anerkannten Stand der medizinischen Erkenntnisse ... entsprechen und den medizinischen Fortschritt ... berücksichtigen" muss. Diese Maßgabe wird an vielen weiteren Stellen und auch im Zusammenhang mit dem Erlass von Richtlinien durch den Gemeinsamen Bundesausschuss sowie der vorbereitend-beratenden Tätigkeit des IQWiG aufgegriffen.[176]

5. Die Konkretisierung des Verfahrens durch den Gemeinsamen Bundesausschuss

Der Gemeinsame Bundesausschuss ist seiner Aufgabe, den vorgestellten gesetzlichen Rahmen weiter auszugestalten in zweifacher Hinsicht nachgekommen.

a) Erlass der Geschäfts- und der Verfahrensordnung

Der Gemeinsame Bundesausschuss hat seine Entscheidungsfindung durch den Erlass einer Geschäftsordnung (GO GBA) und einer Verfahrensordnung (VerfO GBA) konkretisiert, die er auf der Grundlage des § 91 Abs. 4 S. 1 Nrn. 1 und 2 SGB V[177] (zu) erlassen hat. Derzeit gilt die Geschäftsordnung in der Fassung vom

---

[176] Dazu näher *Stallberg*, PharmR 2010, 5.

[177] „(4) [1]Der Gemeinsame Bundesausschuss beschließt 1. eine Verfahrensordnung, in der er insbesondere methodische Anforderungen an die wissenschaftliche sektorenübergreifende Bewertung des Nutzens, einschließlich Bewertungen nach den §§ 35a und 35b, der Notwendigkeit und der Wirtschaftlichkeit von Maßnahmen als Grundlage für Beschlüsse sowie die Anforderungen an den Nachweis der fachlichen Unabhängigkeit von Sachverständigen und das Verfahren der Anhörung zu den jeweiligen Richtlinien, insbesondere die Feststellung der anzuhörenden Stellen, die Art und Weise der Anhörung und deren Auswertung, regelt,

2. eine Geschäftsordnung, in der er Regelungen zur Arbeitsweise des Gemeinsamen Bundesausschusses insbesondere zur Geschäftsführung, zur Vorbereitung der Richtlinienbeschlüsse durch Einsetzung von in der Regel sektorenübergreifend gestalteten Unterausschüs-

17.07.2008[178], zuletzt geändert am 19.06.2014[179] sowie die Verfahrensordnung in der Fassung vom 18.12.2008[180], zuletzt geändert am 19.06.2014.[181]

Der Zweck der Verfahrensordnung wird in deren § 1 folgendermaßen umschrieben:

> „(1) Die Verfahrensordnung bezweckt transparente und rechtssichere Entscheidungen, die dem allgemein anerkannten Stand der medizinischen Erkenntnisse und dessen Hinweisen zu Qualität, Versorgungsaspekten von Alter, biologischem und sozialen Geschlecht sowie lebenslagenspezifischen Besonderheiten entsprechen und die berechtigten Interessen der Betroffenen angemessen berücksichtigen und das Gebot der Wirtschaftlichkeit des § 12 Abs. 1 SGB V beachten.
>
> (2) Der Gemeinsame Bundesausschuss beschließt sie nach sektorenübergreifender Betrachtung auf der Grundlage der ihm gesetzlich zugewiesenen Zuständigkeiten und der daraus entstehenden Verantwortung für die medizinischen Versorgung in der Gesetzlichen Krankenversicherung."

Durch Absatz 1 werden neben den allgemeinen gesetzlichen Vorgaben für die Leistungserbringung auch die Anforderungen an die Verfahrensgestaltung angesprochen. Dabei werden die Merkmale der Transparenz und Rechtssicherheit hervorgehoben.

Transparenz hat sich unter dem Einfluss des Unionsrechts[182] zu einer allgemeinen Anforderungen an das Staats- und Verwaltungshandeln[183] entwickelt, die über die verschiedenen Formen der Öffentlichkeitsbeteiligung in staatlichen Entscheidungsverfahren hinausgehend[184] den allgemeinen Zugang zu Rechtsquellen und den Materialien, die staatlichen Entscheidungen zugrundeliegen[185], verlangen.

§ 91 Abs. 7 S. 6 SGB V, den § 9 Abs. 1 GO GBA umsetzt, gibt vor, dass die Sitzungen des Plenums in der Regel öffentlich durchgeführt werden. Über die öf-

---

sen, zum Vorsitz der Unterausschüsse durch die Unparteiischen des Beschlussgremiums sowie zur Zusammenarbeit der Gremien und der Geschäftsstelle des Gemeinsamen Bundesausschusses trifft; in der Geschäftsordnung sind Regelungen zu treffen zur Gewährleistung des Mitberatungsrechts der von den Organisationen nach § 140f Abs. 2 entsandten sachkundigen Personen.
[2]Die Verfahrensordnung und die Geschäftsordnung bedürfen der Genehmigung des Bundesministeriums für Gesundheit."

[178] Veröffentlicht im Bundesanzeiger (BAnz) Nr. 134 (S. 3256) vom 04.09.2008.

[179] BAnz AT vom 05.05.2014 B1.

[180] Veröffentlicht im Bundesanzeiger (BAnz) Nr. 84a (Beilage) vom 10. Juni 2009.

[181] BAnz AT vom 07.05.2014 B1.

[182] Hier ist u.a. auf Art. 15 AEUV zu verweisen. Siehe zur Entwicklung *Bröhmer*, Transparenz, 2004.

[183] Besonders weitgehend das Hamburger Transparenzgesetz vom 19.06.2012, HmbGVBl. S. 271. Dazu *Jauch*, DVBl. 2013, 16.

[184] Zur Relevanz von Öffentlichkeit für das Verwaltungshandeln *Scherzberg*, Öffentlichkeit, 2000.

[185] Siehe exemplarisch Art. 15 AEUV.

fentlichen Sitzungen und deren Tagesordnungen wird auf der Internetseite des Gemeinsamen Bundesausschusses informiert. Die Ausnahmen von der Öffentlichkeit der Sitzungen werden in § 10 GO GBA normiert und beziehen sich vor allem auf sog. „interne Beratungen und Beschlussfassungen", die nicht auf den Richtlinienerlass abzielen. In § 17 GO GBA wird sodann die nachgelagerte „Information der Öffentlichkeit" geregelt, die neben der Bekanntmachung der Richtlinien und sonstigen Beschlüsse auch die Information zur Arbeit des Gemeinsamen Bundesausschusses im Übrigen zum Gegenstand hat.

Für die Arbeit der Unterausschüsse sieht § 20 Abs. 1 GO GBA vor, dass die Sitzungen nichtöffentlich durchgeführt werden. Dies entspricht auch der Praxis im Deutschen Bundestag, dessen Ausschüsse ebenfalls grundsätzlich nichtöffentlich tagen.[186] Verfassungsrechtliche Bedenken bestehen auch vor diesem Hintergrund an der Vorgabe der Geschäftsordnung nicht.

Das Ziel der Rechtssicherheit verwirklicht der Gemeinsame Bundesausschuss vor allem durch den Erlass von allgemein geltenden Regelungen, den Richtlinien. Die durch § 91 Abs. 6 SGB V geregelte Bindungswirkung der Richtlinien trägt im Vergleich zur früheren Rechtslage ganz erheblich zur Rechtssicherheit bei, weil die Bindungswirkung eindeutig geklärt wird. Dadurch wird die Rechtssicherheit sowohl für die Versicherten als auch die Leistungserbringer deutlich erhöht.

Als sachgerecht erweist sich auch die Entscheidung für eine sektorenübergreifende Betrachtung und Bewertung, da dadurch widersprüchliche Bewertungen und Entscheidungen für die Bereiche der ambulanten und stationären Versorgung vermieden werden.

b) Entscheidung für die Methode der evidenzbasierten Medizin

Die zweite Grundentscheidung des Gesetzgebers bezieht sich darauf, die Entscheidungen des Gemeinsamen Bundesausschusses am methodischen Modell der evidenzbasierten Medizin zu orientieren.[187]

Wie *Wendtland* zutreffend ausführt, ist

> „Grundlage für die Feststellung des allgemein anerkannten Standes der medizinischen Erkenntnisse … eine Auswertung der Literatur und Auffassungen einschlägiger Fachkreise, wobei auch internationale Studien zu berücksichtigen sind (BSG Beschl. v. 10.4.2006 – B 1 KR 47/05 B). Die Erkenntnisquellen sind hierzu gemessen an der Qualität ihrer Evidenz zu gewichten. Bei der Feststellung des allgemein anerkannten Standes der medizinischen Erkenntnisse handelt es sich somit vorrangig um einen kognitiven und allenfalls sehr untergeordnet um einen wertenden Vorgang."[188]

---

[186] *Kluth*, in: Schmidt-Bleibtreu/Hofmann/Henneke, Art. 42, Rn. 8 ff.

[187] Dazu *Stallberg*, PharmR 2010, 5; *Roters*, NZS 2007, 176; *Bertelsmann/Roters/Bronner*, ZaeFQ 2007, 455.

[188] *Wendtland*, in: Rolfs/Giesen/Kreikebohm/Udsching, § 70 SGB V, Rn. 7 (Stand 1.9. 2014); siehe auch *Engelmann* MedR 2006, 245.

Es bestehen zudem auch keine Zweifel an der grundsätzlichen Verfassungskonformität der gesetzlichen Vorgabe des Standes der allgemein anerkannten medizinischen Erkenntnisse als Maßstab für die Leistungserbringung.[189] Es muss danach lediglich gewährleistet sein, dass in der besonderen Situation einer lebensbedrohlichen Erkrankung, für die keine allgemein anerkannten Standardmaßnahmen zur Verfügung stehen, die Anforderungen an die Erfolgsaussichten einer nicht allgemein anerkannten Methode im Einzelfall nicht überstrapaziert werden. Dem trägt inzwischen § 2 Abs. 1a SGB V Rechnung.

Es wurde bereits gezeigt, dass die wissenschaftlich fundierte Wissensgenerierung als Grundlage der Normsetzung durch den Erlass von Richtlinien zu den prägenden Merkmalen des Gemeinsamen Bundesausschusses gehört. Die Entscheidung, des Gesetzgebers, zu diesem Zweck die anerkannte und den Gegenständen der Richtlinien adäquate Methode der evidenzbasierten Medizin zu verwenden, erscheint in hohem Maße als sachgerecht und angemessen.

c) Zusammenarbeit mit dem IQWiG

Für die in vielen Verfahren erforderliche Bewertung der Qualität und Wirtschaftlichkeit von Gesundheitsdienstleistungen i. S. d. § 12 SGB V hat der Gemeinsame Bundesausschuss auf der Grundlage von § 139a SGB V das Institut für Qualität und Wirtschaftlichkeit im Gesundheitswesen (IQWiG) gegründet.[190] Seine Einbeziehung in das Entscheidungsverfahren des Gemeinsamen Bundesausschusses wird in Kapitel 1 §§ 15 bis 22 VerfO GBA näher geregelt.

Das IQWiG stellt eine „institutionalisierte Wissensbasis" für die Arbeit des Gemeinsamen Bundesausschusses dar.[191] Es hat die Aufgabe[192], dauerhaft den aktuellen medizinischen Wissensstand für die verschiedenen Leistungsbereiche zu erforschen und für die Arbeit des Gemeinsamen Bundesausschusses aufzubereiten. Es kann insoweit als das wissenschaftliche Spezialinstrument des Gemeinsamen Bundesausschusses im Rahmen der ihm zugewiesenen Aufgabe der Wissensgenerierung qualifiziert werden.

Die Vorgehensweise des IQWiG wird in § 139a Abs. 4 SGB V durch den Gesetzgeber folgendermaßen determiniert:

> „(4) Das Institut hat zu gewährleisten, dass die Bewertung des medizinischen Nutzens nach den international anerkannten Standards der evidenzbasierten Medizin und die ökonomische Bewertung nach den hierfür maßgeblichen international anerkannten Standards, insbesondere der Gesundheitsökonomie, erfolgt. Es hat in regelmäßigen Abständen über die

---

[189] BVerfGE 115, 25 (44 ff.).

[190] Zu Einzelheiten *Rixen*, MedR 2008, 24.

[191] So zutreffend *Wallrabenstein*, in: Becker/Kingreen, § 139a, Rn 8.

[192] Ob diese durch ein öffentlich-rechtliches oder privatrechtliches Handeln erfüllt wird, ist umstritten (siehe dazu *Wallrabenstein*, in Becker/Kingreen, § 139a Rn. 15), hier aber ohne Bedeutung.

Arbeitsprozesse und -ergebnisse einschließlich der Grundlagen für die Entscheidungsfindung öffentlich zu berichten."

Damit ist mittelbar auch das Handeln des Gemeinsamen Bundesausschusses geprägt, soweit er die Ergebnisse des IQWiG in seinen Entscheidungen zugrunde legt.

6. Zwischenergebnis

Das Entscheidungsverfahren des Gemeinsamen Bundesausschusses ist auf die Konkretisierung des gesetzlichen Rahmenanspruchs ausgerichtet, der den Versicherten unmittelbar nach den Regelungen des SGB V zusteht. Dabei sind die besonders grundrechtsintensiven Entscheidungen nach § 2 Abs. 1a SGB V ausgeklammert und den Krankenkassen im Einzelfall zur Entscheidung zugewiesen.

Aufgabe des Gemeinsamen Bundesausschusses ist es, unter Nutzung der wissenschaftlichen Beratung durch das IQWiG das Spektrum der tatsächlich verfügbaren Leistungen auf solche zu begrenzen, die eine ausreichende Gewähr für Qualität und Wirtschaftlichkeit bieten.

Das zur Erreichung dieses Ziels vorgesehene Verfahren begegnet keinen grundsätzlichen Bedenken. Insbesondere durch die Nutzung des wissenschaftlichen Sachverstandes des IQWiG bei der Vorbereitung der Entscheidungen des Gemeinsamen Bundesausschusses wird der Organisationszweck auch auf der verfahrensrechtlichen Ebene konsequent umgesetzt.

III. Konkretisierung der verfassungsrechtlichen Bestimmtheitsanforderungen

Nachdem im vorstehenden Abschnitt die Grundrechtsrelevanz der Entscheidungen des Gemeinsamen Bundesausschusses in Bezug auf die Versicherten bereits punktuell erörtert wurde, sind in einem weiteren Schritt dazu vertiefende Überlegungen anzuschließen und die grundrechtsrelevanten Auswirkungen für die weiteren Adressaten der Richtlinien zu untersuchen. Dabei handelt es sich neben den Krankenkassen um die verschiedenen Leistungserbringer im ambulanten und stationären Bereich.

1. Die Grundrechtsrelevanz der Richtlinien des Gemeinsamen Bundesausschusses in Bezug auf die verschiedenen Normadressaten

a) Grundrechte der Versicherten

Das Bundesverfassungsgericht hat in seiner Entscheidung vom 06.12.2005 herausgearbeitet, dass es keinen grundrechtsunmittelbaren Anspruch auf Leistungen der Gesetzlichen Krankenversicherung gibt, sondern dass dieser im Zusammenhang mit der gesetzgeberischen Entscheidung für eine Pflichtversicherung und dem Sozialstaatsprinzip in seiner Reichweite genauer zu bestimmen ist. Das maßgebliche Beurteilungskriterium wird folgendermaßen bestimmt:

> „Maßstab für die Beurteilung der Verfassungsmäßigkeit des Leistungsrechts der gesetzlichen Krankenversicherung und seiner fachgerichtlichen Auslegung und Anwendung im Einzelfall sind darüber hinaus auch die Grundrechte auf Leben und körperliche Unversehrtheit aus Art. 2 Abs. 2 Satz 1 GG. Zwar folgt aus diesen Grundrechten regelmäßig kein verfassungsrechtlicher Anspruch gegen die Krankenkassen auf Bereitstellung bestimmter und insbesondere spezieller Gesundheitsleistungen (vgl….). Die Gestaltung des Leistungsrechts der gesetzlichen Krankenversicherung hat sich jedoch an der objektiv-rechtlichen Pflicht des Staates zu orientieren, sich schützend und fördernd vor die Rechtsgüter des Art. 2 Abs. 2 Satz 1 GG zu stellen (vgl. …). Insofern können diese Grundrechte in besonders gelagerten Fällen die Gerichte zu einer grundrechtsorientierten Auslegung der maßgeblichen Vorschriften des Krankenversicherungsrechts verpflichten (vgl….).“[193]

Solange demnach bei der näheren Ausgestaltung des Leistungsspektrums die gesetzlichen Vorgaben eingehalten werden, sind die grundrechtlich geschützten Gesundheitsinteressen der Versicherten im Rahmen einer grundrechtskonformen Auslegung zu berücksichtigen. Über Leistungsbegrenzungen und -ausschlüsse können sich die Fachgerichte aber nicht ohne weiteres hinwegsetzen, da ansonsten der gesetzliche Konkretisierungs- und Ausgestaltungsauftrag des Gemeinsamen Bundesausschusses unterlaufen würde.

Der Gemeinsame Bundesausschuss muss seinerseits beim Erlass der Richtlinien auf Grund seiner objektiv-rechtlichen Bindung den grundrechtlich geschützten Interessen der Versicherten Rechnung tragen. Dies ist aber gerade dann, wenn die gesetzlichen Vorgaben für den Erlass der Richtlinien, die diesen Interessen einen hohen Stellenwert einräumen, eingehalten bzw. umgesetzt werden auch der Fall. Daraus folgt zugleich, dass die gesetzlichen Vorgaben für den Richtlinienerlass insoweit aus dem Blickwinkel der Grundrechte der Versicherten grundsätzlich unproblematisch sind. Es kommt vielmehr auf die hinreichende Berücksichtigung der grundrechtlichen Interessen im Einzelfall, d. h. im Normsetzungsverfahren an. Diese Rechtsbindung kann durch die fachgerichtliche Kontrolle ggf. überprüft werden.

b) Grundrechte der Leistungserbringer

aa) Grundrechtlicher Status der verschiedenen Leistungserbringer

Viele der Leistungserbringer im stationären Bereich, die öffentlich-rechtlichen Krankenhausträger, gehören nicht zum Kreis der Grundrechtsberechtigten nach Art. 19 Abs. 3 GG. Das Gleiche gilt für die Träger der gesetzlichen Krankenversicherung.[194]

---

193 BVerfGE 115, 25 (44).

194 BVerfG, GewArch 2009, 310; *Zimmermann*, S. 57 f.

Die übrigen Leistungserbringer sind als natürliche oder juristische Personen hingegen, soweit sie Adressaten von restriktiven Regelungen in Richtlinien des Gemeinsamen Bundesausschusses sind, in ihrem Grundrecht aus Art. 12 Abs. 1 GG in Gestalt der Berufsausübungsfreiheit betroffen.[195]

bb) Betroffene Grundrechte und Eingriffsintensität

Nach der Rechtsprechung des Bundesverfassungsgerichts ist bei Regelungen, die in die durch Art. 12 Abs. 1 GG geschützte Freiheit der Berufsausübung eingreifen und dabei nicht ausnahmsweise eine hohe Eingriffsintensität erreichen, die einer Beschränkung der Berufswahlfreiheit gleichkommt[196], davon auszugehen, dass sie durch „vernünftige Erwägungen des Gemeinwohls" gerechtfertigt werden können.[197]

Das Grundrecht der Berufsfreiheit gewährleistet nach der Rechtsprechung des Bundesverfassungsgerichts nicht, dass alle medizinisch zulässigen Leistungen auch zum Leistungsspektrum der gesetzlichen Krankenversicherung gehören.[198] Insoweit besteht ein weitgehender Gleichklang mit den grundrechtlich geschützten Interessen der Versicherten. Es besteht auch kein besonderer Vertrauensschutz im Hinblick auf die weitere Erbringung von einzelnen – durch den Gesetzgeber oder die Richtlinien des Gemeinsamen Bundesausschusses – ausgeschlossenen Leistungen. Sowohl der Gesetzgeber als auch der von ihm ermächtigte Gemeinsame Bundesausschuss sind berechtigt, bislang erfasste Leistungen aus dem Leistungskatalog des SGB V auszuschließen, wenn es dafür sachliche Gründe gibt.[199]

Ob im Einzelfall bei Entscheidungen über einen Ausschluss von Leistungen aus Gründen der Wahrung der Verhältnismäßigkeit Übergangsfristen zu wahren sind, ist jeweils zu prüfen, führt aber nur zu einer zeitlich begrenzten Verlängerung der Leistungserbringungsmöglichkeiten.

Soweit durch die „gestrichenen" Leistungen einzelne Leistungserbringer, die sich auf diese Leistungen spezialisiert haben, besonders schwerwiegende wirtschaftliche Folgen treffen, bedeutet dies nicht automatisch, dass eine höhere Eingriffsintensität anzunehmen ist, weil das Grundrecht der Berufsfreiheit an den Berufsbildern und nicht an einzelnen Produkten oder Dienstleistungen ausgerichtet ist. Die Spezialisierung auf bestimmte Produkte oder Dienstleistungen gehört insoweit überwiegend zur Risikosphäre der Unternehmer.

---

[195] Siehe auch *Zimmermann*, S. 59 ff.

[196] Dazu grundlegend BVerfGE 11, 30 (39 ff.).

[197] BVerfGE 7, 377 (397 ff.) – st. Rspr.

[198] BVerfG NZS 2005, 91 (92). Siehe auch *Preis*, MedR 2010, 139 (144 f.).

[199] *Zimmermann*, S. 59.

2. Daraus abzuleitende Anforderungen an die gesetzliche Ermächtigung und die rechtfertigenden Belange

In Bezug auf die verfassungsrechtlichen Anforderungen, die an die Bestimmtheit der gesetzlichen Ermächtigung zum Erlass von Richtlinien durch den Gemeinsamen Bundesausschuss zu stellen sind, folgt aus dem Gesagten, dass vor allem der Zweck der zu treffenden Regelungen hinreichend bestimmt normiert sein muss.

In Bezug auf die beiden prägenden Vorgaben für den Richtlinienerlass durch den Gemeinsamen Bundesausschuss hat das Bundesverfassungsgericht die verfassungsrechtliche Legitimität ausdrücklich bestätigt.

> „Es ist dem Gesetzgeber schließlich nicht von Verfassungs wegen verwehrt, zur Sicherung der Qualität der Leistungserbringung, im Interesse einer Gleichbehandlung der Versicherten und zum Zweck der Ausrichtung der Leistungen am Gesichtspunkt der Wirtschaftlichkeit ein Verfahren vorzusehen, in dem neue Untersuchungs- und Behandlungsmethoden in der vertragsärztlichen Versorgung auf ihren diagnostischen und therapeutischen Nutzen sowie ihre medizinische Notwendigkeit und Wirtschaftlichkeit nach dem jeweiligen Stand der wissenschaftlichen Erkenntnisse sachverständig geprüft werden, um die Anwendung dieser Methoden zu Lasten der Krankenkassen auf eine fachlich-medizinisch zuverlässige Grundlage zu stellen.“[200]

Weiter wird ausgeführt:

> „Der Leistungskatalog der gesetzlichen Krankenversicherung darf auch von finanzwirtschaftlichen Erwägungen mitbestimmt sein (vgl. BVerfGE 68, 193 [218]; 70, 1[26, 30]). Gerade im Gesundheitswesen hat der Kostenaspekt für gesetzgeberische Entscheidungen erhebliches Gewicht (vgl. BVerfGE 103, 172 [184]).“[201]

Diese Anforderungen lassen sich aus § 92 Abs. 1 SGB V in Verbindung mit den weiteren Vorgaben in den übrigen Ermächtigungstatbeständen zum Erlass von Richtlinien durch den Gemeinsamen Bundesausschuss ohne Schwierigkeiten ableiten mit der Folge, dass die Ermächtigung den verfassungsrechtlichen Anforderungen genügt.

3. Sicherung der Grundrechtsbindung des Gemeinsamen Bundesausschusses durch fachgerichtliche Kontrolle

Soweit sich grundrechtsrelevante Auswirkungen auf Grund der Entscheidungen des Gemeinsamen Bundesausschusses ergeben, können diese im Rahmen eines fachgerichtlichen Rechtsschutzes durch die nachteilig betroffenen Versicherten und Leistungserbringer geltend gemacht werden.

---

[200] BVerfGE 115, 25 (46 f.).

[201] BVerfGE 115, 25 (46).

Der Zugang zu den Sozialgerichten ist in den verschiedenen Fallkonstellationen unter den gleichen Voraussetzungen eröffnet wie in anderen Teilrechtsbereichen.

Zudem entspricht die Kontrolldichte der Sozialgerichte den Maßgaben, die für die sonstige Verwaltungsgerichtsbarkeit gelten. Es handelt sich demnach um eine umfassende Rechtskontrolle, die auch die Einhaltung der gesetzlich vorgeschriebenen Verfahrensstandards einschließlich der wissenschaftlichen Standards einbezieht. Die Sozialgerichte sind dabei in der Lage, mit Hilfe von Sachverständigen auch die Einhaltung der wissenschaftlichen Standards zu überprüfen, so dass im Ergebnis eine hohe Kontrolldichte auch jenseits rein rechtlicher Maßgaben verwirklicht werden kann.[202]

Schließlich besteht nach Erschöpfung des fachgerichtlichen Rechtsschutzes die Möglichkeit der Verfassungsbeschwerde, von der – wie die Entscheidungspraxis des Bundesverfassungsgerichts zeigt – auch umfangreich Gebrauch gemacht wird.

IV. Ergebnis

Damit genügt die dem Gemeinsamen Bundesausschuss zugewiesene Aufgabe des Richtlinienerlasses auch aus dem Blickwinkel der betroffenen Grundrechte und der rechtsstaatlichen Bestimmtheitsanforderungen sowie der zur Begründung herangezogenen Gemeinwohlbelange den verfassungsrechtlichen Anforderungen an eine Rechtsetzungsdelegation auf einen Selbstverwaltungsträger.

[202] Zu Einzelheiten *Roters*, Kontrolldichte, S. 191 ff., 228 ff. (speziell zu Außenseitermethoden).

Dritter Teil

Zusammenfassung

Der Gemeinsame Bundesausschuss gehört zu den facettenreichen Erscheinungsformen, die das im 19. Jahrhundert entwickelte Modell der funktionalen Selbstverwaltung vor allem im Bereich der sozialen Selbstverwaltung hervorgebracht hat. Dabei weicht der Gemeinsame Bundesausschuss auch innerhalb der durch Betroffenen-Partizipation geprägten sozialen funktionalen Selbstverwaltung insoweit von den „üblichen“ Gestaltungsformen ab, als er formal direkt an (Träger-) Organisationen und nicht an natürliche Personen (Versicherte) oder Leistungserbringer anknüpft.

Die damit verbundene Herausforderung, seine demokratische Legitimation im Einklang mit den Anforderungen des Grundgesetzes aufzuzeigen, hat in den letzten Jahrzehnten verschiedene Deutungs- und Rechtfertigungsansätze hervorgebracht, vor allem in der Rechtsprechung des Bundessozialgerichts. Dass sie alle „umstritten“ geblieben sind, hängt auch damit zusammen, dass die Vorstellungen darüber, wie weit der Gestaltungsspielraum des Gesetzgebers im Geltungsbereich des demokratischen Prinzips reicht, auseinanderfallen.

Die neuere Rechtsprechung des Bundesverfassungsgerichts zu verschiedenen Erscheinungsformen der funktionalen Selbstverwaltung sowie zu weiteren Phänomen der Einbindung von (gesellschaftlichem) Sachverstand in staatliche Entscheidungsprozesse hat wesentlich dazu beigetragen, die Grenzverläufe zu klären. Dabei ist deutlich geworden, dass der Gesetzgeber Selbstverwaltungsorganisationen neben der Verwirklichung von Partizipation auch dort nutzen kann, wo es darum geht, qualifiziertes Wissen zu generieren und divergierende Interessen zur Steigerung der Akzeptanz von Normen einzubeziehen zum Ausgleich zu bringen. Die Untersuchung zeigt, dass der Gesetzgeber bei der gesetzlichen Regelung des Gemeinsamen Bundesausschusses diesen Weg gegangen ist. Dabei wurden zuletzt die Vorkehrungen für die Sicherung der Unabhängigkeit der unabhängigen Mitglieder des Beschlussorgans noch einmal verbessert.

Die durch das Benennungsrecht den Trägergesellschaften zugewiesene Funktion stellt eine besondere Form der Begründung personeller demokratischer Legitimation dar, die nicht auf das Staatsvolk oder ein Verbandsvolk, sondern auf die „ermächtigten“ Organisationen als Sachwalter von Interessen und Träger von Wissen zurückgeht. Darin liegt ein mit dem demokratischen Prinzip des Grundgesetzes in Einklang stehender gesetzgeberischer Ausgestaltungsakt demokratischer Legitimation des Gemeinsamen Bundesausschusses, der in Verbindung mit den klaren

Zielvorgaben für den Erlass der Richtlinien in § 92 SGB V und zahlreichen weiteren Vorschriften eine hinreichende gesetzliche Grundlage für die vorgenommene Aufgabendelegation darstellt. Hinzu kommen die staatliche Rechtsaufsicht und die fachgerichtliche (Voll-)Kontrolle als absichernde Legitimationsmechanismen.

Literaturverzeichnis

Algermissen, Markus: Das Gesetz zur Weiterentwicklung der Finanzstruktur und der Qualität in der gesetzlichen Krankenversicherung – Bedeutung und Umsetzungsstand, NZS 2014, 921–929.

Axer, Peter: Normsetzung der Exekutive in der Sozialversicherung, Ein Beitrag zu den Voraussetzungen und Grenzen untergesetzlicher Normsetzung im Staat des Grundgesetzes, Tübingen 2000.

Becker, Ulrich/*Kingreen*, Thorsten (Hrsg.): SGB V, Gesetzliche Krankenversicherung, Kommentar, 4. Aufl., München 2014.

Berringer, Christian: Regulierung als Erscheinungsform der Wirtschaftsaufsicht, München 2004.

Bertelsmann, Hilke/*Roters*, Dominik/*Bronner*, Dorothea: Vom Nutzen der Nutzenbewertung: Die Prinzipien der evidenzbasierten Medizin und des Health Technology Assessments als Entscheidungsgrundlage des Gemeinsamen Bundesausschusses, ZaeFQ 2007, 455–462.

Böckenförde, Ernst-Wolfgang: § 24 Demokratie als Verfassungsprinzip, in: Josef Isensee/Paul Kirchhof (Hrsg.), Handbuch des Staatsrechts der Bundesrepublik Deutschland, Bd. II, Verfassungsstaat, 3. Aufl., Heidelberg 2004, S. 429–496.

Braun, Bernard/*Klenk*, Tanja/*Kluth*, Winfried/*Nullmeier*, Frank/*Welti*, Felix: Modernisierung der Sozialversicherungswahlen, Baden-Baden 2009.

Bröhmer, Jürgen: Transparenz als Verfassungsprinzip, Grundgesetz und Europäische Union, Tübingen 2004.

Butzer, Hermann/*Kaltenborn*, Markus: Die demokratische Legitimation des Bundesausschusses der Ärzte und Krankenkassen, MedR 2001, 333–342.

Castendiek, Jan: Versichertenbeteiligung und Demokratie im Normenkonzept der Richtlinien des Bundesausschusses, NZS 2001, 71–80.

Denninger, Erhard: § 193 Staatliche Hilfe zur Grundrechtsausübung durch Verfahren, Organisation und Finanzierung, in: Josef Isensee/Paul Kirchhof (Hrsg.), Handbuch des Staatsrechts der Bundesrepublik Deutschland, Bd. IX, Allgemeine Grundrechtslehren, 3. Aufl., Heidelberg u. a. 2011, S. 621–663.

Dreier, Horst (Hrsg.): Grundgesetz, Kommentar, Band II, Art. 20–82, 2. Aufl., Tübingen 2006.

Eifert, Martin: § 23 Telekommunikationsrecht, in: Dirk Ehlers/Michael Fehling/Hermann Pünders (Hrsg.), Besonderes Verwaltungsrecht, Band I, Öffentliches Wirtschaftsrecht, 3. Aufl., Heidelberg u. a. 2013, S. 847–892.

Eisenmenger, Sven: § 8 Interessenvertretung und Beratung, in: Winfried Kluth (Hrsg.), Handbuch des Kammerrechts, 2. Aufl., Baden-Baden 2011, S. 246–274.

Emde, Ernst Thomas: Die demokratische Legitimation der funktionalen Selbstverwaltung, Eine verfassungsrechtliche Studie anhand der Kammern, der Sozialversicherungsträger und der Bundesanstalt für Arbeit, Berlin 1991.

Engelmann, Klaus: Die Kontrolle medizinischer Standards durch dic Sozialgerichtsbarkeit, MedR 2006, 245–259.

– Untergesetzliche Normsetzung im Recht der gesetzlichen Krankenversicherung durch Verträge und Richtlinien, NZS 2000, 76–84.

Epping, Volker/*Hillgruber*, Christian (Hrsg.): Beck'scher Online-Kommentar GG, Edition 24, München, Stand 1.3.2015.

Fehling, Michael: Hochschulen in Rechtsformen des öffentlichen Rechts, in: Jörn Axel Kämmerer/Peter Rawert (Hrsg.), Hochschulstandort Deutschland, Rechtlicher Rahmen – Politische Herausforderungen, Köln u. a. 2003, S. 83–104.

Fiedler, Albrecht: Staatliches Engagement im Stiftungswesen zwischen Formenwahlfreiheit und Formenmissbrauch, Berlin 2003.

Friauf, Karl Heinrich/*Höfling*, Wolfram (Hrsg.): Berliner Kommentar zum Grundgesetz, Band 2, Loseblattsammlung, 31. Ergänzungslieferung, Berlin, Stand I/2011.

Gölz, Heide: Der Staat als Stifter, Stiftungen als Organisationsform mittelbarer Bundesverwaltung und gesellschaftlicher Selbstverwaltung, Bonn 1999.

Goltz, Ferdinand: Pflichtmitgliedschaftliche Kammerverfassung und die Logik kollektiven Handelns, Eine Untersuchung unter besonderer Berücksichtigung der Schriften von Mancur Olson, Baden-Baden 2005.

Groß, Thomas: Selbstverwaltung angesichts von Europäisierung und Ökonomisierung, DVBl. 2002, 1182–1194.

Hart, Dieter (Hrsg.): Ärztliche Leitlinien im Medizin und Gesundheitsrecht, Recht und Empirie professioneller Normbildung, Baden-Baden 2005.

Hauck, Ernst: Der Gemeinsame Bundesausschuss (G-BA) – ein unbequemes Kind unserer Verfassungsordnung?, NZS 2010, 600–611.

Heintzen, Markus/*Kruschwitz*, Lutz (Hrsg.): Die Freie Universität Berlin als Stiftungsuniversität, Berlin 2002.

Hendler, Reinhard: Selbstverwaltung als Ordnungsprinzip, Zur politischen Willensbildung und Entscheidung im demokratischen Verfassungsstaat der Industriegesellschaft, Köln u. a. 1984.

Hense, Ansgar: § 16 Soziale Sicherung im Gesundheitswesen – der stationäre Sektor, in: Michael Fehling/Matthias Ruffert (Hrsg.), Regulierungsrecht, Tübingen 2010, S. 863–950.

Ipsen, Jörn: Hochschulen in Trägerschaft von Stiftungen des öffentlichen Rechts – Ein Beitrag Niedersachsens zur Hochschulreform?, NdsVBl 2003, 1–6.

Jauch, Oliver: Das Hamburgische Transparenzgesetz (HmbTG) – Ein Paradigmenwechsel in der Informationsfreiheit, DVBl. 2013, 16–24.

Jestaedt, Matthias: Demokratieprinzip und Kondominialverwaltung, Entscheidungsteilhabe Privater an der öffentlichen Verwaltung auf dem Prüfstand des Verfassungsprinzips Demokratie, Berlin 1993.

– Demokratische Legitimation – quo vadis?, JuS 2004, 649–653.

– Funktionale Selbstverwaltung und Demokratieprinzip im Lichte der neueren Rechtsprechung des Bundesverfassungsgerichts, in: Winfried Kluth (Hrsg.), Jahrbuch des Kammerrechts 2003, Baden-Baden 2004, S. 9–25.

Joussen, Jacob: § 2 Abs 1a SGB V – Die Umsetzung des Nikolausbeschlusses des BVerfG, SGb 2012, 625–630.

Kahl, Wolfgang: Die Staatsaufsicht, Entstehung, Wandel und Neubestimmung unter besonderer Berücksichtigung der Aufsicht über die Gemeinden, Tübingen 2000.

– /*Waldorf*, Christian/*Walter*, Christian (Hrsg.): Bonner Kommentar zum Grundgesetz, Ordner 5, Art. 20, Loseblattsammlung, 146. Ergänzungslieferung, Heidelberg, Stand Juli 2010.

Kingreen, Thorsten: Knappheit und Verteilungsgerechtigkeit im Gesundheitswesen, VVDStRL 70 (2011) 152–194.

– Verfassungsrechtliche Grenzen der Rechtsetzungsbefugnis des Gemeinsamen Bundesausschusses im Gesundheitsrecht, NJW 2006, 877–880.

Kirchhof, Gregor: Die Allgemeinheit des Gesetzes, Über einen notwendigen Garanten der Freiheit, der Gleichheit und der Demokratie, Tübingen 2009.

– § 4 Die Funktion des allgemeinen Gesetzes, in: Winfried Kluth/Günter Krings (Hrsg.), Gesetzgebung, Rechtsetzung durch Parlamente und Verwaltungen sowie ihre gerichtliche Kontrolle, Heidelberg u. a. 2014, S. 95–121.

Kluth, Winfried: Beschränkung der Forschung durch Europarecht am Beispiel der Gentechnologie, in: Eric Hilgendorf/Susanne Beck (Hrsg.), Biomedizinische Forschung in Europa, Baden-Baden 2010, S. 139–151.

– Demokratische Legitimation in der funktionalen Selbstverwaltung – Grundzüge und Grundprobleme, in: Friedrich E. Schnapp (Hrsg.), Funktionale Selbstverwaltung und Demokratieprinzip – am Beispiel der Sozialversicherung, Frankfurt am Main u. a. 2001, S. 17–41.

– Der Ordnungsrahmen des Hochschulrechts, in: Jörn Axel Kämmerer/Peter Rawert (Hrsg.), Hochschulstandort Deutschland, Rechtlicher Rahmen – Politische Herausforderungen, Köln u. a. 2003, S. 35–54.

– Die Strukturierung von Wissensgenerierung durch das Verwaltungsorganisationsrecht, in: Indra Spiecker genannt Döhmann/Peter Collin (Hrsg.), Generierung und Transfer staatlichen Wissens im System des Verwaltungsrechts, Tübingen 2008, S. 73–92.

– § 1 Entwicklung und Perspektiven der Gesetzgebungswissenschaft, in: ders./Günter Krings (Hrsg.), Gesetzgebung, Rechtsetzung durch Parlamente und Verwaltungen sowie ihre gerichtliche Kontrolle, Heidelberg u. a. 2014, S. 3–39.

– Funktionale Selbstverwaltung, Verfassungsrechtlicher Status – verfassungsrechtlicher Schutz, Tübingen 1997.

– Funktionsgerechte Organstrukturen – ein Verfassungsgebot?, VerwArch 102 (2011), 525–546.

– Die Pflicht der Kammern zur Durchführung von Wirtschaftlichkeitsprüfungen und ihre Kontrolle durch Rechnungshöfe und Staatsaufsicht, WiVerw 2014, 279–290.

– Die Zukunft der Freien Berufe in der globalisierten Dienstleistungsgesellschaft, in: ders. (Hrsg.), Jahrbuch des Kammer- und Berufsrechts 2006, Baden-Baden 2007, S. 265–281.

– Parlamentarische Gesetzgebung im postnationalen Zeitalter, Baden-Baden 2013.

– Rechtliche Rahmenbedingungen einer Neupositionierung des Augenoptikerberufs in Deutschland, Halle 2008.

– Verfassungsrechtliche Anforderungen an eine Rationierung, ZEFQ 2008, 204–207.

– Verlangt der demografische Wandel eine neue Zuordnung der ärztlichen und sonstigen Gesundheitsdienstleistungen? – Eine Problemskizze, MedR 2010, 372–378.

– /*Goltz*, Ferdinand: Kammern der berufsständischen Selbstverwaltung in der EU, Die Bedeutung der Träger berufsständischer und wirtschaftlicher Selbstverwaltung im europäischen Binnenmarkt und in einer künftigen Europäischen Verfassung, Baden-Baden 2004.

Köller, Sandra: Funktionale Selbstverwaltung und ihre demokratische Legitimation, Eine Untersuchung am Beispiel der Wasserverbände Lippeverband und Emschergenossenschaft, Berlin 2009.

Körner, Anne/*Leitherer*, Stephan/*Mutschler*, Bernd (Hrsg.): Kasseler Kommentar zum Sozialversicherungsrecht, Loseblattsammlung, 84. Ergänzungslieferung, München, Stand Dezember 2014.

von Mangoldt, Hermann/*Klein*, Friedrich/*Starck*, Christian (Hrsg.): Kommentar zum Grundgesetz, Band 2: Art. 20 bis 82, 6. Aufl., München 2010.

Mann, Thomas: § 146 Berufliche Selbstverwaltung, in: Josef Isensee/Paul Kirchhof (Hrsg.) Handbuch des Staatsrechts der Bundesrepublik Deutschland, Bd. VI, Bundesstaat, 3. Aufl., Heidelberg 2008, S. 1203–1239.

Maunz, Theodor/*Dürig*, Günter (Begr.): Grundgesetz, Band III, Art. 16–22, Loseblattsammlung, 57. EGL, München, Stand Januar 2010.

Neumann, Volker: Der Anspruch auf Krankenbehandlung – ein Rahmenrecht?, SGb 1998, 609–614.

– Verantwortung, Sachkunde, Betroffenheit, Interesse – Zur demokratischen Legitimation der Richtlinien des Gemeinsamen Bundesausschusses, NZS 2010, 593–600.

Orlowski, Ulrich/*Rau*, Ferdinand/*Wasem*, Jürgen/*Zipperer*, Manfred (Hrsg.): SGB V-Kommentar – Gesetzliche Krankenversicherung – GKV, Loseblattsammlung, 37. Ergänzungslieferung Heidelberg, Stand Dezember 2014.

Peters, Horst: Handbuch der Krankenversicherung Teil II – SGB V Kommentar, Loseblattsammlung, 81. Ergänzungslieferung, Stuttgart, Stand Juli 2014.

Preis, Ulrich: Der Arzt zwischen grundrechtlicher Freiheit und staatlicher Regulierung, MedR 2010, 139–149.

Rixen, Stephan: Sozialrecht als öffentliches Wirtschaftsrecht, Am Beispiel des Leistungserbringerrechts der gesetzlichen Krankenversicherung, Tübingen 2005.

– Verhältnis von IQWiG und G-BA – Vertrauen oder Kontrolle? – Insbesondere zur Bindungswirkung der Empfehlungen des IQWiG, MedR 2008, 24–30.

Rolfs, Christian/*Giesen*, Richard/*Kreikebohm*, Ralf/*Udsching*, Peter (Hrsg.): Beck'scher Onlinekommentar Sozialrecht, Edition 35, München, Stand 1.9.2014.

Roters, Dominik: Die Bewertung medizinischer Methoden nach der Verfahrensordnung des G-BA, NZS 2007, 176–184.

– Die gebotene Kontrolldichte bei der gerichtlichen Prüfung der Richtlinien des Bundesausschusses der Ärzte und Krankenkassen, Frankfurt am Main u. a. 2003.

Ruffert, Matthias: § 21 Grundfragen der Wirtschaftsregulierung, in: Dirk Ehlers/Michael Fehling/Hermann Pünders (Hrsg.), Besonderes Verwaltungsrecht, Band I, Öffentliches Wirtschaftsrecht, 3. Aufl., Heidelberg u. a. 2013, S. 706–729.

Scherzberg, Arno: Die Öffentlichkeit der Verwaltung, Baden-Baden 2000.

Schimmelpfeng-Schütte, Ruth: Die Entscheidungsbefugnisse des Gemeinsamen Bundesausschusses, NZS 2006, 567–572.

Schlink, Bernhard: Korporatismus im Krankenhauswesen – Zur Neuregelung des Verhältnisses zwischen Krankenkassen und Krankenhäusern durch das Fünfte Buch des Sozialgesetzbuches, RsDE 11 (1990), 1–12.

Schmidt, Karsten: Hochschulen in Rechtsformen des privaten Rechts, in: Jörn Axel Kämmerer/Peter Rawert (Hrsg.), Hochschulstandort Deutschland, Rechtlicher Rahmen – Politische Herausforderungen, Köln u. a. 2003, S. 105–117.

Schmidt-Bleibtreu, Bruno/*Hofmann*, Hans/*Henneke*, Hans-Günter (Hrsg.): Grundgesetz Kommentar, 13. Aufl., Köln 2014.

Schmidt-De Caluwe, Reimund: Der Gemeinsame Bundesausschuss als „Souverän“, das Bundesverfassungsgericht als „Nikolaus“ und der Anspruch des Krankenversicherten als „Überraschungsei“, in: Bernd-Rüdiger Kern/Hans Lilie (Hrsg.), Jurisprudenz zwischen Medizin und Kultur, Festschrift zum 70. Geburtstag von Gerfried Fischer, Frankfurt am Main u. a. 2010, S. 379–410.

Schuler-Harms, Margarete: § 15 Soziale Infrastruktur im Gesundheitswesen – der ambulante Sektor, in: Michael Fehling/Matthias Ruffert (Hrsg.), Regulierungsrecht, Tübingen 2010, S. 788–862.

Seeringer, Stefanie: Der Gemeinsame Bundesausschuss nach dem SGB V, Rechtliche Form, normative Befugnisse und Steuerung der Qualität der medizinischen Versorgung, Baden-Baden 2006.

Sodan, Helge: Das GKV-Wettbewerbsstärkungsgesetz, NJW 2007, 1313–1320.

Stallberg, Christian: Evidenz-basierte Medizin als Rechtsbegriff – Funktion, Inhalt und Grenzen, PharmR 2010, 5–12.

Stehr, Nico: Wissenspolitik, Die Überwachung des Wissens, Frankfurt am Main, 2003.

Trute, Hans-Heinrich: § 28 Verwaltungskompetenzen im deutschen Bundesstaat, in: Ines Härtel (Hrsg.), Handbuch Föderalismus – Föderalismus als demokratische Rechtsordnung und Rechtskultur in Deutschland, Europa und der Welt, Band II: Probleme, Reformen, Perspektiven des deutschen Föderalismus, Heidelberg u. a. 2012, S. 39–77.

Uhle, Arnd: § 24 Die Rechtsverordnung, in: Winfried Kluth/Günter Krings (Hrsg.), Gesetzgebung, Rechtsetzung durch Parlamente und Verwaltungen sowie ihre gerichtliche Kontrolle, Heidelberg u. a. 2014, S. 587–641.

Unruh, Peter: Demokratie und „Mitbestimmung" in der funktionalen Selbstverwaltung – am Beispiel der Emschergenossenschaft, VerwArch 92 (2001), 531–559.

Vießmann, Thomas: Die demokratische Legitimation des Gemeinsamen Bundesausschusses zu Entscheidungen nach § 135 Abs. 1 Satz 1 SGBV, Baden-Baden 2009.

Welti, Felix: Allokation, Rationierung, Priorisierung: Rechtliche Grundlagen, MedR 2010, 379–387.

Wolff, Hans J./*Bachof*, Otto/*Stober*, Rolf/*Kluth*, Winfried: Verwaltungsrecht II, Ein Studienbuch, 7. Aufl., München 2010.

Ziermann, Karin: Inhaltsbestimmung und Abgrenzung der Normsetzungskomeptenzen des Gemeinsamen Bundesausschusses und der Bewertungsausschüsse im Recht der gesetzlichen Krankenversicherung, Berlin 2007.

Zimmermann, Christian: Der Gemeinsame Bundesausschuss, Normsetzung durch Richtlinien sowie Integration neuer Untersuchungs- und Behandlungsmethoden in den Leistungskatalog der GKV, Berlin u. a. 2012.